»In meinem Haus gab es drei
Stühle: einen für Einsamkeit,
zwei für Freundschaft,
drei für Gesellschaft.«

HENRY DAVID THOREAU, *Walden*

DER STIL DER 90ER JAHRE

CHIC SIMPLE

WOHNEN

DROEMER KNAUR

TITEL DER ORIGINALAUSGABE: CHIC SIMPLE. HOME
ORIGINALVERLAG: ALFRED A. KNOPF, NEW YORK

AUS DEM AMERIKANISCHEN
VON KARLHEINZ DÜRR UND THOMAS PFEIFFER

KIM JOHNSON GROSS, JEFF STONE
TEXT: JULIE V. IOVINE
FOTOGRAFIE: MARIA ROBLEDO
ILLUSTRATION: ERIC HANSON
STYLING: FRITZ KARCH
DESIGN: ROBERT VALENTINE INCORPORATED

Die Deutsche Bibliothek – CIP-Einheitsaufnahme
Chic simple : der Stil der 90er Jahre. – München : Droemer Knaur
Einheitssacht.: Chic simple <dt.>
NE: EST
Wohnen/ [aus dem Amerikan. von Karlheinz Dürr und Thomas Pfeiffer.
Text: Julie V. Iovine. Fotogr.: Maria Robledo; Ill.: Eric Hanson]. – 1993
ISBN 3-426-26692-X
NE: Iovine, Julie V.; Robledo, Maria

Satz: MultiByte GmbH, München
Druck und Aufbindung: Willard, Ohio
Printed in USA
ISBN 3-426-26692-X

2 4 5 3 1

FÜR MEINEN MANN DAVID, DER VERSTÄNDNIS ZEIGTE
UND SEINE GUTE LAUNE NIE VERLOR, FÜR MEINE
KINDER GLENNA UND CAROLYN, DIE MEINEN BLICK
ERWEITERTEN, UND FÜR MORT UND TOBY, DIE MEINEM
ZUHAUSE WÄRME GABEN

K.J.G.

FÜR MEINE SÖHNE DYLAN UND MORGAN, DIE MEIN
GANZER STOLZ SIND, UND FÜR STEF UND BRAD,
MEINE FREUNDE FÜRS LEBEN

J.S.

FÜR KEVIN

J.I.

»Je mehr du weißt, desto weniger brauchst du.«

SPRICHWORT
AUSTRALISCHER UREINWOHNER

INHALT

CHIC

SIMPLE

Chic Simple ist ein Leitfaden für ein angenehmes, aber auch vernünftiges Leben in den 90er Jahren. Für ein Leben, dessen Qualität nicht durch das Anhäufen materieller Dinge, sondern die Konzentration auf das Wesentliche bestimmt ist – mit einem besonderen Augenmerk auf Heim, Gemeinschaft und Umwelt. In einer Welt begrenzter natürlicher Rohstoffe versetzt Chic Simple den Leser in die Lage, in seinem Leben Wert und Stil mit sparsamen und einfachen Mitteln zu verwirklichen.

GRUNDLAGEN

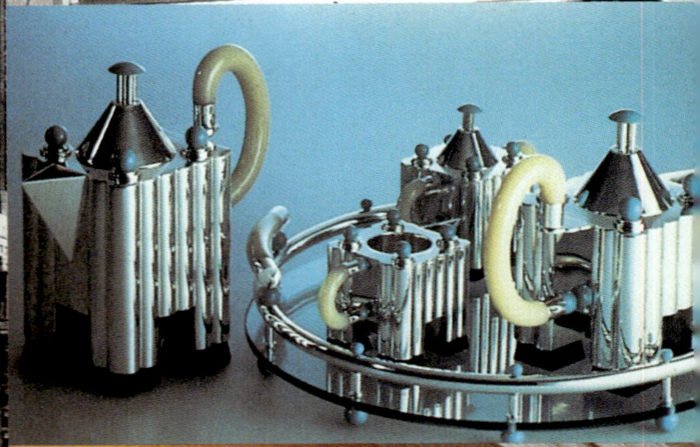

DYLAN

Was immer Experten behaupten mögen, die alles mit einem Etikett versehen: Keine Zeit wird von einem einzigen Lebensstil bestimmt. Die Déco-Linien, die die dreißiger Jahre bestimmen, stammen aus den zwanziger Jahren und dem ersten Jahrzehnt dieses Jahrhunderts. Die symbolische Bindebatik der sechziger blühte erst in den siebziger Jahren auf. Und so weiter. Viele Faktoren – ökonomische, kulturelle, materielle und gesellschaftliche – beeinflussen den Geist eines Lebensstils. Doch im Laufe der Jahre verändern sich Empfinden und Einstellungen; es kommt zu Reaktionen gegen den Geschmack der vorangegangenen Zeit. Dies bewirkt, daß wir in der Tat mit bestimmten Epochen gewisse feste Bilder verbinden. Um zu verdeutlichen, wohin wir gehen, hilft es, einen Blick dorthin zurückzuwerfen, wo wir waren.

die 30er

EREIGNIS:
Kurssturz an der Börse und Eröffnung des Museum of Modern Art in New York, 1929; Weltausstellung in Chicago, 1933

STIL: Art déco, Moderne, Gothic Tudor

PRODUKT: totalitäre Regierungen

MATERIAL: schwarzer Lack, Chrom

FORM: geschwungen, geradlinig

RAUM: Wohnzimmer

DIESE ÄRA, GEFANGEN ZWISCHEN

ZWEI WELTKRIEGEN, WAR VOLLER WIDERSPRÜCHE: DIE LÄHMENDE WIRTSCHAFTSKRISE STAND IN KONTRAST ZU DEN ÜBERSCHÄUMENDEN kreativen Energien. Dann wurde der Krieg vorbereitet. Die verführerische Déco-Linie, berühmt geworden bereits auf der Exposition Internationale des Arts Décoratifs et Industriels Modernes 1925 in Paris, wurde schnell von der Hauptströmung absorbiert und ging in exklusivem Luxus auf und wurde zuletzt populär. Die besten Beispiele des Art déco waren häufig französischen Ursprungs und stammten von Künstlern, die gleichzeitig Kunsthandwerker und Designer waren – zum Beispiel von Emile-Jacques Ruhlmann, der in exotischen Materialien schwelgte: Haifischhaut, schwarzer Lack und Perlmutt-Intarsien. Déco paßte gut zu Chrommetall; der auftrumpfende, protzige Stil verbildlichte perfekt Energie und Schwung der damals aufkommenden neuen Technologien mit ihrem aerodynamischen Design. Bald hatte jeder Lampenschirm, jede Kaffeekanne und jeder Staubsauger ein stromlinienförmiges Profil. Als die erste Welle des Art déco in den Dreißigern an Kraft verlor, stand die Moderne am Horizont. In Europa waren die Prinzipien der Moderne bereits gut etabliert – ein funktionales, von Überfluß und Ornament befreites, für die Massenproduktion geeignetes Design. Das Bauhaus wurde 1919 gegründet; Mies van der Rohes gefeierter Pavillon in Barcelona wurde 1929 eröffnet. In den Vereinigten Staaten brauchte die Moderne noch viele Jahre, bis sie sich wirklich durchsetzen konnte. Bei öffentlichen Gebäuden wurde der Stil sehr viel schneller akzeptiert als in der Wohnarchitektur; hier bevorzugte man noch immer eine Mischung früherer Stilelemente. In der Ausstellung über internationale Stile, die 1932 im Museum of Modern Art stattfand, wurden der Intelligenzia moderne Bauwerke vorgestellt. Doch erst in den Spielfilmen aus Hollywood, in denen Fred Astaire in unwiderstehlicher Nonchalance vor einer eleganten, vom Art déco beeinflußten modernen Kulisse tanzte, erhielt das breitere Publikum zum ersten Mal einen überzeugenden Eindruck von jenem Stil, der die Welt in den nächsten fünf Jahrzehnten prägen sollte.

40er IN AMERIKA

WURDEN DIE NACHKRIEGS-VIERZIGER DURCH DIE ÜBERschäumende Energie einer siegreichen Nation geformt, die nach 1945 über die Hälfte des Weltexports abwickelte. Die Industriedesigner Charles und Ray Eames erkundeten die Vorteile des gebogenen Schichtholzes und waren unter den ersten, die den berühmten schlichten Stuhl aus Schichtholz schufen. Die meisten Vertreter der europäischen Moderne waren in die Vereinigten Staaten eingewandert – Walter Gropius, Mies van der Rohe, Marcel Breuer und Laszlo Moholy-Nagy. Die Theorie der Moderne, nach der die Form der Funktion folgte, trug zu einem sich rapide entwickelnden Bauboom bei. Im Verlauf dieses Booms blieb keine Zeit, etwas anderes als Strukturen hervorzubringen, die stromlinienförmig, schmucklos und strukturell offen waren. Nach dem Krieg entdeckte man, daß die Traditionen der Vergangenheit nicht mehr genügten; man suchte nach einem neuen, zeitgemäßeren Empfinden. Die Innenarchitektur tendierte zu einem knappen Minimalismus mit kompakten Farbfeldern oder gelegentlich geometrischen Mustern. Mit der siegreichen Stimmung kam die soziale Verantwortung: Ein hervorragendes Beispiel war das einflußreiche »Case Study Houses Program«, 1945 von dem Magazin *Arts and Architecture* ins Leben gerufen. Ziel des Programms war es, bezahlbare Häuser für eine stetig wachsende Schicht von Mittelschichtpaaren zu entwerfen, die erst in der Nachkriegszeit hatten heiraten können. Zwei Jahre später verkaufte der Bauunternehmer William J. Levitt bereits 150 Häuser in der Woche in Long Island zum Preis von nur 6900 Dollar. Levitt-town und die neue Welt der Vorstadtbezirke waren geboren.

EREIGNIS:
Ende des Zweiten Weltkriegs

STIL:
Moderne – knapp, reduktiv, geometrisch; von aerodynamischem Maschinen- und Fahrzeugdesign abgeleitete Stromlinienform

PRODUKT:
Charles and Ray Eames' Stuhl aus Schichtholz, 1946

MATERIAL:
gebogenes Schichtholz

FORM:
rechter Winkel und rundköpfige oder tropfenförmige Verjüngungen

RAUM:
Glasfronten in Wohnzimmer und Patio

50er

IM ATOMZEITALTER DER FÜNFZIGER WURDE STIL ZUM MASSENPRODUKT;

die Überzeugung setzte sich durch, daß auch qualitativ hochwertige Produkte für alle bestimmt seien. Der Baby-Boom hatte bereits eingesetzt, und in den neuen Vororten wohnte eine mobile Gesellschaft, die Autobahnen, Drive-in-Restaurants und Cadillacs brauchte. Nach den Atombombentests in Nevada, dem Start von Sputnik I und II im Jahr 1957 und der Entdeckung der Helix-Struktur der DNS (1953) begann die wissenschaftliche Bilderwelt das Design zu prägen: Atome, Atompilze und Helices wurden zu optimistischen Dekorationsmotiven auf allen möglichen Gegenständen, von Uhren bis hin zu Textilien. Biomorphe und asymmetrische Formen, bereits sichtbar geworden in den Werken von Joan Miró, Alexander Calder und Henry Moore, traten nun in Nierentischchen und nierenförmigen Swimmingpools, in geschwungenen Kunststoffmöbeln und den Heckflossen der Autos erneut in Erscheinung. Das Heim der Normalfamilie – zwei Kinder, der Vater pendelt täglich zur Arbeitsstätte, die Mutter ist Hausfrau – hatte ein Wohnzimmer mit einem neuen Fernsehgerät. Die weiße Innenausstattung mit Akzenten in Primärfarben oder Schwarz bewahrte das Erbe der Moderne mit schlichten skandinavischen Importmöbeln oder Sitzelementen. Die Verwendung synthetischer Materialien aus Plastik oder Glasfiber und Laminate wie beispielsweise Formica wurde begrüßt, denn diese Materialien galten als pflegeleicht und unverwüstlich. Der Zeitgeist war von Optimismus geprägt. Mit Doris Day im Film, dem neueröffneten Disneyland in Kalifornien und McDonald's erstem Hamburger in Illinois war die Freude am Künstlichen bereits auf dem besten Weg, authentischere Werte zu ersetzen.

EREIGNIS:
Neutronenbombe in Nevada getestet; McCarthy-Prozesse

STIL:
organische Moderne

PRODUKT:
Philco-Fernseher

MATERIAL:
Formica

FORM:
biomorph

RAUM:
Wohnzimmer

Von all den Revolutionen, die die Sechziger prägten – individuelle, sexuelle, politische Umwälzungen –, war die Revolution des Stils die indirekt subversivste. Die radikalen Wurzeln der Moderne waren weithin vergessen. Die neue Generation entfaltete ein Crescendo von Rockmusik und folkloristischem Gejammer, verweigerte sich dem Wohlstand der Vorstadtbezirke und machte sich an die Befreiung durch ursprüngliche Erfahrungen. Der Antiheld pflegte nunmehr den Antistil; die Popkultur lieferte die Sprachmuster einer neuen Vision. Das Nicht-Bewerten, wenn auch nicht die völlige Gleichheit, wurde zum Wertstandard in der Inneneinrichtung. Psychedelische und Elemente der Popkultur hielten sowohl in Form von teuren italienischen Möbeln als auch durch die Posterkultur der Straße Einzug in das Wohnzimmer. Marmor und Laminate, Naturfasern und synthetische Produkte fanden nebeneinander Verwendung. Mies van der Rohes berühmtem »Weniger ist mehr« hielt der Architekt Robert Venturi in seinen epochemachenden Essays *Complexity and Contradiction* (1966) und *Learning from Las Vegas* (1972) entgegen: »Weniger ist langweilig.« Als Reaktion auf die gleichmacherische Wirkung der Standardisierung wurden die Möbel zunehmend eigenwillig und verrückt. Eero Saarinens Wannensessel und der Sitzsack gehören zu den avantgardistischen und populären Kreationen der Sechziger. So eigenartig uns diese Designs heute erscheinen mögen, stehen sie doch für ein unschätzbares Vermächtnis an Witz, Energie und Persönlichkeit, die zu allen Zeiten die wesentlichen Merkmale guten Designs darstellen.

sechziger

EREIGNIS: Ermordung Kennedys; Woodstock **STIL:** psychedelisch, Pop wie auf den Posters von Milton Glaser

PRODUKT: Sitzsack **MATERIAL:** Naturfasern **FORM:** aufgeblasen **RAUM:** abgesenkte Sitzecke im Wohnzimmer

siebziger

Die frühen siebziger Jahre waren zwar noch stark dem revolutionären Drang der Sechziger verhaftet, doch war dies eine Dekade, die der Stil übersehen hatte: Wer erinnert sich noch an Supergrafiken, Makramee-Blumenampeln, indische Drucke, Flickenteppiche und Wandgestelle aus Chrom und Glas? Die Energien galten der Befreiung der Frau, der sexuellen Erfahrung und Watergate, nicht dem Design. Dies war das Jahrzehnt, das sich mit Jogging, Wok und *Joy of Sex* nach innen wandte, der privaten Welt zu – schon 1975 nannte Tom Wolfe die Siebziger die »Ich-Dekade«. Zu Hause wich das triviale *Objet trouvé*, mit dem die Räume in den Sechzigern möbliert worden waren, dem High-Tech-Look, der seine Ideen und Materialien (besonders Chrom) aus industriellen Entwicklungen und aus Europa bezog. Lichterketten wie auf einer Landebahn beleuchteten die Küche; Blitzschirme aus Fotoateliers brachten Stimmung ins Elternschlafzimmer. Die Palette der Wohnfarben reichte von Erdbraun und Moosgrün, akzentuiert mit poppigem Orange, Rot und Gelb, bis zu hochglanzlackiertem Rot oder Schwarz. Die Definition des Lebensstils erfolgte vor allem durch Studenten und junge Leute. Recycling war in erster Linie eine Möglichkeit, Geld zu sparen; in zweiter Linie war es ein gegen das Establishment gerichtetes ästhetisches Verhalten. Obstkisten wurden zu Buchregalen. In dieser Dekade mit ihrer Leidenschaft für alles »Natürliche« regte sich zum ersten Mal die Besorgnis um die Umwelt. Hatte der Begriff »organisch« in den Fünfzigern eine von der Biologie inspirierte Formgebung bedeutet, so bezog er sich nunmehr auf biologisch abbaubare Bestandteile. In den Siebzigern führte die Firma Knoll International den ersten ergonomisch gestalteten Bürostuhl ein, und der Begriff »Treibhauseffekt« tauchte zum erstenmal in den Massenmedien auf.

EREIGNIS: Watergate; Energiekrise **STIL:** Naturverbundenheit und High Tech **PRODUKT:** Systemmöbel
MATERIAL: indische Drucke, gewebte Wandbehänge **FORM:** Supergrafik **RAUM:** Schlafzimmer

EREIGNIS:
zwei Amtszeiten Ronald Reagans als Präsident

STIL:
Postmoderne

80er

PRODUKT:
Michael Graves' Teekessel

MATERIAL:
Terrakotta

FORM:
Säule

RAUM:
Restaurant

Die Postmoderne trat an die Stelle der Moderne. Während die Diskussion tobte, konnten sich die Architekten mit Entwürfen für wohlgeformte Säulen einen Namen machen. Historische Bezüge und Originalität waren angesagt, reine Funktionalität war out. Die Bauwirtschaft durchlief eine Boomphase, und neue, dramatische »Skylines« wuchsen am Horizont jeder mittelgroßen amerikanischen Stadt in die Höhe. Eine neue Sorte von Superkonsumenten trat in Erscheinung: die Yuppies. Sie waren vom Euro-Stil geprägt, jedenfalls aber vom traditionellen englischen Stil des 19. Jahrhunderts. Im Möbeldesign von Memphis konvergierten zwei Haupttrends – Italien und Ironie; auffällig waren vor allem Popfarben, asymmetrische Proportionen und Humor. Der Preis spielte keine Rolle. 1984 brachte der italienische Hersteller Alessi einen von dem Architekten Michael Graves entworfenen Teekessel zum Preis von 18 000 Dollar in limitierter Auflage auf den Markt. Die Grundgedanken der Postmoderne wurden auch im Bereich des Wohnens schnell übernommen, oft in Form klassischer Versatzstücke und übergroßer Ziergiebel. Die Energie der Achtziger war eher auf Zurschaustellung und weniger auf Häuslichkeit gerichtet. Gäste empfing man eher im Restaurant als im Wohnzimmer. Mit ihrer Vorliebe für künstlich gealterte und blattgoldverzierte Oberflächen, importierte Luxusgeräte und minimale Beleuchtung konnten die Achtziger leicht zur Zielscheibe des Spotts werden. Aber es war doch ein großartiges Jahrzehnt für die Befreiung der Phantasie und die Rückbesinnung auf die Vergangenheit.

90er

DAS GEGENWÄRTIGE JAHRZEHNT

HAT ERST BEGONNEN, DOCH ZEICHNET SICH AB, DASS IN DIESER PERIODE EINE BESTANDSAUFNAHME ERFOLGT UND WIR UNS DER VERANTWORTUNG FÜR UNSER Leben und das Leben auf der Erde stellen. Heute wird der Status des Stils komplexer und zugleich einfacher definiert: Etikettierung genügt nicht mehr. Gutes Design erfordert Objekte und Räume, die ihren Wert dadurch erlangen, daß sie nicht nur einen funktionalen, sondern auch einen emotionalen Gehalt haben. Es gibt keinen New Look. Das Zuhause übernimmt mehr denn je eine positive Rolle. In einer Welt abnehmender Ressourcen wird das eigene Heim zu dem Ort, an dem der Mensch sich selbst ausdrücken kann. Hier kann er sein inneres Gleichgewicht finden, hier kann er sich erholen und neue Kraft sammeln. Dies ist die Zeit, in der in kleineren Maßstäben, aber auch klüger darüber nachzudenken sein wird, wie man seine private Umwelt gestalten kann. Denn trotz der sogenannten Sparwirkung der Technologie scheint die Zeit selbst zu schrumpfen. In den Katalogen des Versandhandels und in vielen Design-Fachgeschäften wird die Erkenntnis vermittelt, daß Effizienz nach heutigen Begriffen Zugänglichkeit und Authentizität heißt. Im Stil der heutigen Generation, die ihre Rolle in der Welt neu einzuschätzen sucht, wird Einfachheit erneut zur Maxime.

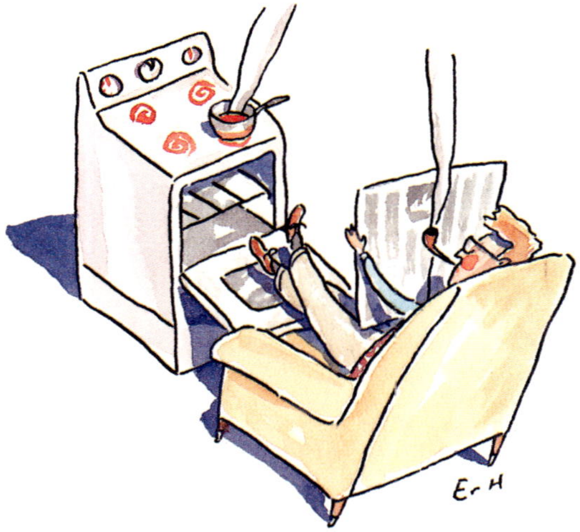

RAUM

»Wenn wir wirklich ehrlich wären, müßten wir zugeben, daß die Vorstadtwohnung der Mittelschicht der wahrscheinlich behaglichste Innenraum ist, der je geschaffen wurde. Mit anderen Worten: Behaglichkeit, körperliches Wohlbefinden, das bedeutet Teppichböden, viele Sofas und Stühle, und alles ist ganz ganz sauber.«

FRAN LEBOWITZ

»Im Gegensatz zu Skulptur und Malerei, die Objekte im Raum hervorbringen, enthalten Gebäude Raum. Außerdem soll Raum nicht nur erfahren und bewundert, sondern auch bewohnt werden.«

WITOLD RYBCZYNSKI

The Most Beautiful House in the World

Einen Raum verstehen, das ist der erste Schritt, ihn zu verändern. Selbst ein anscheinend leerer Raum ist voller Information. Die wirkungsvollsten Räume wurden häufig gar nicht entworfen. Sie haben sich im Lauf der Zeit entwickelt und entsprechen bestimmten Bedürfnissen. Die alten Rituale und die Philosophie, die die Form eines mit Tatami-Matten ausgelegten Teehauses in Japan bestimmen, unterscheiden sich grundlegend von den religiösen Betrachtungen, die hinter der Form eines Stuhls in einem Gemeindesaal der Shaker stehen. Man muß an Land auch nicht die physikalischen Gesetze berücksichtigen, die die stromlinienförmige Effizienz eines Segelboots determinieren. So unterschiedlich diese besonderen Räume sein mögen, so eignet ihnen doch eine Schönheit und Angemessenheit, die ausdrückt, daß Zweck und Material miteinander harmonieren. Aus solchen landschaftlich verwurzelten und zweckbestimmten Räumen lassen sich die besten Lehren für gutes Design ziehen.

J a p a n i s c h

IN WESTLICHEN ZIVILISATIONEN SYMBOLISIEREN WÄNDE OFT ZUFLUCHT; zugleich sind sie die eigentlichen, tragenden Elemente der Architektur. In Japan gilt das Dach als beherrschendes Bauelement. Die Wände sind dort wenig mehr als dünne Membranen, die einen freien Austausch zwischen Außenwelt und Innenraum möglich machen. Tatsächlich liegt der Wohnarchitektur in Japan der Gedanke der Harmonie mit der Natur zugrunde. Im traditionellen japanischen Haus gibt es drei wichtige Bereiche, jedoch keine abgegrenzten Einheiten. Der privateste Teil des Hauses ist zum Schlafen und Baden bestimmt und liegt nicht nach hinten hinaus, sondern im Zentrum. Mahlzeiten, Geselligkeit und Fernsehen finden im selben Raum statt, der jedoch keine feste Möblierung hat. Einbauregale mit Schiebetüren, die wie Wände aussehen, enthalten, was an Möbeln vorhanden ist: Futons, Tische, Kissen. Das Innere eines japanischen Hauses wirkt dennoch nicht kahl; dies ist der reichen Maserung des polierten Holzes, den gewebten Tatami-Matten, exquisiten Wandbehängen aus Stoff und lichtdurchlässigen weißen Shoji-Wandschirmen zu verdanken. Ein breiter Flur oder eine offene Veranda umgibt die Wohnräume und stellt den Übergang zwischen äußerer und innerer Welt dar. Das weit überhängende Dach ermöglicht es, das Haus offenzuhalten und es zugleich vor der Witterung zu schützen. Klappbare Türläden sind die einzigen »Wände«, die das Haus vom Garten trennen. Der Garten selbst gilt als weiterer Raum.

»Ein Japaner kann in einem kleinen Raum ein ganzes Leben unterbringen.«

TADAO ANDO, *Architekt*

Shaker

DIE SHAKER WAREN EINE RELIGIÖSE SEKTE, DEREN MITGLIEDER glaubten, Schönheit und Vollkommenheit des Himmels könnten dadurch erfahren werden, daß man auf Erden einfach und rein lebte. Shakergemeinden gab es im Amerika des 19. Jahrhunderts in neunzehn Dörfern zwischen Kentucky und Maine. Auf dem Höhepunkt ihrer Popularität umfaßte die Sekte mehrere tausend Gläubige. »Shaker« hatte man sie aufgrund der kraftvollen Tänze genannt, die sie bei ihren religiösen Versammlungen aufführten. Sie selbst nannten sich »Gemeinschaft der Gläubigen«. Für die Shaker waren Arbeit, Andacht und Alltag untrennbar miteinander verbunden. Sie lebten in Gemeinden, die sich selbst versorgten, in denen alles geteilt und fast alles von Hand hergestellt wurde. Die Gegenstände, die die Shaker produzierten, sind für ihre formschöne Schlichtheit, ihre sorgfältige Ausführung und ihre Zweckmäßigkeit berühmt. Das Design ist frei von unnötigen Details, aber voller Lebensfreude. Schmucklose Oberflächen leuchten häufig in natürlichen Farben wie Himmelblau, gelbem Ocker, Ziegelrot und Grasgrün. Der praktische Sinn des Shaker-Design wirkt sympathisch und charaktervoll, keineswegs mechanisch oder automatisch. Schaukelstühle mit einer Schublade unter dem Sitz oder ein Fenster in einem Schrank, das zusätzliches Licht hereinläßt, sind typische praktische Lösungen. Die Shaker waren jedoch nicht nur pragmatisch, sondern auch erfinderisch. Wir verdanken ihnen den Flachbesen, Wäscheklammern, die Samenpäckchen, Kreissägen und Drehstühle, um nur ein paar der praktischen Dinge zu nennen, die auf sie zurückgehen. Das Erbe der Shaker zeigt, daß geistige Klarheit, verbunden mit funktioneller Robustheit, bemerkenswert charaktervolle Designs hervorbringen kann, die auf Dauer Freude bereiten.

FAUSTREGEL DER SHAKER

Stelle nichts Unnötiges und Unnützes her;
das Notwendige und Nützliche aber mache auch schön.

Funktionales Design

SCHIFFE, ZÜGE, FLUGZEUGE UND STROMLINIENFÖRMIGE WOHNANHÄNGER SIND TRANSPORTMITTEL, von denen unschätzbare Anregungen für das Design kleiner Räume ausgegangen sind. Mobilität, Kompaktheit, Haltbarkeit, Stauraum und Ventilation haben bei diesen Transportmitteln Priorität. Trotzdem üben diese Räume auf uns eine romantische Anziehungskraft aus, die sich aus ihrer Assoziation mit dem Reisen ergibt. Auf einer Segeljacht gibt es unter Deck keinen Zentimeter toten Raum. Die einzigen »Zimmer« sind die Kombüse, die Koje und die Kajüte. Solche Räume sind nicht größer als unbedingt erforderlich, oder sie haben einen doppelten, manchmal sogar dreifachen Zweck. Eine Sitzbank mit Staukasten läßt sich tagsüber als Eßtisch oder als Fläche zum Ausbreiten der Seekarte nutzen. Alle Regale sind eingebaut und so konstruiert, daß die Gegenstände nicht herausfallen können, wenn sich die Jacht auf See befindet. Hochglanzpoliertes Holz und Messingbeschläge sind nicht nur Luxus, sondern zugleich praktische und beständige Materialien, die die Zeit überdauern und sich als widerstandsfähig erwiesen haben. Hier ist Stil zugleich Funktion, und Dekor ist Handwerk.

»Ein Haus ist eine Wohnmaschine«

LE CORBUSIER

Unter funktionalem Design versteht man Formen, die den strengen Erfordernissen einer ganz bestimmten Funktion genügen sollen.

Die Schlafplätze auf einem Schiff oder in einem Zug, auch die Toilletten ines Flugzeugs, sind klassische Beispiele für ein Design, das auf die bestmögliche utzung kleinster Räume ausgerichtet ist und abei hervorragende Kompaktlösungen findet.

DESIGN

PRINZIPIEN DES DESIGN

EIN LEERER RAUM IST VOLLER BEDEUTUNGEN UND MÖGLICHKEITEN. DIE PRINZIPIEN DES DESIGNS BESTIMMEN DAS LEBEN DES EINFACHSTEN RAUMES UND GEHEN ÜBER JEDE STILISTISCHE ETIKETTIERUNG HINAUS. RICHTIG VERSTANDEN UND ANGEWANDT, KÖNNEN SIE EINEN LEEREN RAUM IN EIN BEHAGLICHES HEIM VERWANDELN. IN DIESEM KAPITEL WERDEN DIE GRUNDELEMENTE DES INNENDESIGNS BESCHRIEBEN.

RAUM: Das erste Prinzip der Architektur ist der Raum und die Frage, wie man ihn so begrenzen kann, daß unsere Erfahrung der Offenheit ausgeweitet und nicht eingeschränkt wird. Die wichtigste Bedingung einer guten Gestaltung des persönlichen Umfeldes ist heute nicht einfach der Wunsch nach möglichst viel Raum, sondern eine zuverlässige Einschätzung des benötigten Raumes. **PROPORTION:** Für den Architekten hat die Proportion dieselbe Funktion wie die Perspektive für den Maler: Sie soll viel tiefere und eindrücklichere Impressionen hervorrufen, als die physische Welt erlaubt. Proportion ist die Geometrie des Raumes; man muß ihre Prinzipien verstehen, um den vollen Nutzen aus ihren Vorteilen zu ziehen. **LICHT:** Gute Beleuchtung ist eine Offenbarung. Durch Beleuchtung – aus natürlichen oder künstlichen Quellen – wird es möglich, einen Raum ständig zu verwandeln. Der erste Schritt besteht darin, die Stimmungen der Natur zu verschiedenen Tageszeiten zu ermitteln und diese Vielfalt dann in das Innere eines Hauses zu transferieren. **FUNKTION:** Funktion gilt oft als Synonym für modernes Design. Lange bevor der amerikanische Architekt Louis Sullivan das Diktum aufstellte, daß die Form der Funktion folgen müsse, hatten die Architekten allerdings schon gelernt, daß Funktion in der Tat aus sehr viel mehr besteht als aus den rein mechanischen Prozessen. Auch die emotionale Befriedigung ist eine Funktion guten Designs. **TEXTUR:** Im weitesten Sinne werden durch den Begriff der Textur die psychologische Tiefe eines Raumes, die darin wirksamen Kontraste und die Vielfalt der Stimmungen definiert. Der Begriff umfaßt also viel mehr als lediglich die Summe der Materialien, die bei der Herstellung der Möbel verwendet wurden. Die Textur ermöglicht es, visuelle Erfahrungen mit dem Tastsinn zu verbinden. **FARBE:** Farbe erfordert Mut und Vorsicht. Von ihr geht eine unmittelbare, aber anhaltende optische Wirkung aus. Farbe ist die einfachste – und billigste – Möglichkeit, einen Raum zu verwandeln, und sie ist auch die kühnste. Bevor man einen Raum mit Farben überschüttet, sollte man nicht vergessen, daß Weiß alle Farben in sich vereint und über ein eigenes, breites Spektrum von Tönen verfügt. **ERINNERUNG & WITZ:** In den wenigsten Klassikern zum Thema werden Erinnerung und Witz zu den Prinzipien des Design gezählt. Doch in der heutigen Welt geht die Persönlichkeit des einzelnen leider allzuoft in der bequemen Routine der Massenproduktion unter. Daher gehört es vielleicht zu den wichtigsten *neuen* Prinzipien von zeitgenössischem Design, Ausdrucksmöglichkeiten zu schaffen, die einen Sinn für Humor und Großzügigkeit erkennen lassen.

Raum

DIE EINGRENZUNG DES RAUMES IST DER BEGINN ALLER ARCHITEKTUR. EINEN RAUM ZU DEFINIEREN – EINEN Zufluchtsort zu schaffen – heißt, Intimität zu schützen und zu fördern. Ein eingegrenzter Raum steht immer in einer subjektiven Beziehung zur Landschaft: Er ignoriert sie oder harmoniert mit ihr. Ein Raum kann manipuliert werden: Er kann in Zentimetern gemessen werden, er kann aber auch allein durch das menschliche Auge wahrgenommen werden. In einer Kathedrale schwingt sich der Geist in die Höhe, in einem Tunnel kriecht er dahin. Man vergegenwärtige sich, daß man in einem Raum mit hoher Decke freier atmen kann und daß kleine Räume auf unerklärbare Weise wohnlich wirken. Deshalb empfehlen Architekten, die Decken im Eingangsbereich niedriger zu bauen, um die Erfahrung des Raums zu maximieren, der sich dahinter erstreckt. In ähnlicher Weise erhält man einen großräumigen Eindruck, wenn innere Türen und Öffnungen so angeordnet werden, daß man auf die Fenster und durch sie hindurch nach draußen blicken kann. Selbst ein Stuhl, der auf ein Fenster zeigt, vermittelt das Gefühl eines größeren Raumes.

»Raum und Licht und Ordnung. Das sind die Dinge, die Menschen genauso brauchen wie Brot oder einen Platz zum Schlafen.«

LE CORBUSIER

Licht

MENSCHEN – ODER ZUMINDEST UNSERE STIMMUNGEN – ERBLÜHEN WIE DIE PFLANZEN IN DIREKTER Abhängigkeit vom Licht. Das Licht und sein Antipode, der Schatten, lassen sich am wirkungsvollsten zur Veränderung eines Raumes einsetzen. Natürliches Licht, das durch verschiedene Öffnungen und Glasfenster fällt, ist gewöhnlich interessanter und stimulierender als Licht, das durch unstrukturiertes Flachglas fällt. Oft ist künstliches Licht notwendig, damit ein Raum seine Funktion erfüllen kann. Diffuses oder indirektes Licht erzeugt emotionale Stimmungen, gleichgültig, ob es sich um eine natürliche oder künstliche Quelle handelt. In einer Wohnung ist dies die grundlegende Beleuchtungsart. Die sogenannte funktionale Beleuchtung ist der nächste Schritt; dabei geht es um fokussiertes Licht. Auch hier kann es sich um natürliche Quellen handeln, obwohl künstliches Licht flexibler eingesetzt werden kann. Wie die Lichtquelle auch beschaffen sein mag, man darf nie vergessen, daß es beides, die emotionale und die funktionale Komponente braucht, um eine Wohnung im besten Licht erscheinen zu lassen.

»Wenn die Beleuchtung stimmt, werden viele andere Dinge weniger wichtig, so daß man auch mit weniger Dingen von besserer Qualität auskommt.«

SIR TERENCE CONRAN

WORTE DER WEISHEIT

Frank O. Gehry (geb. 1929). Der Architekt Frank O. Gehry erregte erstmals in den siebziger Jahren Aufmerksamkeit, als er, ein geradezu aggressiv eigenwilliger Architekt aus Kalifornien, die Wände seines Hauses mit Maschendraht umgestaltete. Zu einer Zeit, in der die USA sich in einer Wirtschaftskrise befanden, zeigte Gehry, wie man sich mit einfachsten Materialien – Kettengliedern, Blech, Pappe – einen Namen als Architekt machen konnte. Seitdem gilt er als originellster zeitgenössischer Architekt der USA, der allen Versuchen, ihn in eine ästhetische Schublade zu stecken, erfolgreich widerstanden hat. Statt sich einer der streitsüchtigen Parteien der zeitgenössischen Architekturdebatte anzuschließen, hat er die Gesellschaft von Künstlern vorgezogen. So hat er unter anderem oft mit Claes Oldenburg zusammengearbeitet. Gehrys Ansatz ist intuitiv, nicht theoretisch, experimentell, nicht regelorientiert. Seine Architektur stellt die Komplexität der Materialien und die Kraft skulpturaler Formen in den Vordergrund. Wiederholt hat er mit seinen experimentellen Möbelentwürfen Aufsehen erregt, zuerst 1972 mit seiner Pappkartonserie »Easy Edges«, dann mit fischförmigen Lampen und zuletzt mit Bugholzstühlen für Knoll. In Frank Gehrys Arbeiten spiegelt sich seine eigene, ansteckende Lust beim Akt des Gestaltens von Objekten, die unser Leben bevölkern und bereichern.

PRÄGENDE VORBILDER

Fische
Schlangen
Pappkarton
Kettenglieder
Apfelsinenkisten

»Ich glaube, Kreativität ist eine kindliche Aktivität. Zuvi

AUSGEWÄHLTE BAUWERKE

Haus von Gehry, Los Angeles (1979); Loyola Law School, Los Angeles (1984); California Aerospace Museum, Los Angeles (1984); Yale Psychiatric Institute, New Haven, Connecticut (1989); Vitra-Design-Museum, Weil am Rhein (1989); Zentrale der Chiat/Day-Werbeagentur, Los Angeles (1992); Walt Disney Concert Hall, Los Angeles (noch im Bau); Amerikanisches Zentrum, Paris (noch im Bau).

FRANK GEHRY ÜBER

ARCHITEKTUR

»Architektur sollte von Zeit und Raum sprechen,
aber Zeitlosigkeit anstreben.«

»Ich verstehe jedes Bauwerk als eine Skulptur,
einen räumlichen Behälter, einen Raum mit Licht
und Luft, eine Reaktion auf die Umgebung
und die Angemessenheit von Gefühl und Geist.«

DAS DESIGN VON HÄUSERN

»Die Bilder, die ein Haus ausmachen, können sich auf alle
möglichen symbolischen Dinge beziehen, auf Ideen, die
einem gefallen, Orte, die einem gefallen, Ausschnitte aus
dem eigenen Leben, an die man sich erinnern will.«

SEINEN ANSATZ

»Meine Arbeit soll offen sein. Es gibt keine Regeln,
kein Falsch oder Richtig. Ich bin mir nicht sicher,
was häßlich und was schön ist.«

n Frage zu stellen ist vielleicht gar nicht wichtig.«

Proportion

PROPORTION IST DER RHYTHMUS DES RAUMES, DIE HARMONISCHE BEZIEHUNG SEINER TEILE. DIE HÖHE der Decke steht in Proportion zur Fläche des Bodens, zur Größe der Fenster und der Türen. Man hat die Proportion auch Musik für das Auge genannt. In der Vergangenheit galt die Symmetrie, in der die Teile vollkommene Spiegelbilder voneinander sind, als einzig zulässige Proportion. Heute geht es nicht notwendig um die klassische Symmetrie, obwohl Kontrapunkt und Gleichgewicht noch immer wünschenswert sind und angenehm wirken. Proportion hat mit der Geometrie von Linien und ihrem Zusammenspiel zu tun. Man kann mit Proportionen spielen wie mit Jazz und sie für eine bestimmte Wirkung wiederholen oder festlegen. Die perfekte Symmetrie, beispielsweise zwei Säulen an einem Eingang oder ein Paar gleicher Vasen auf einem Kaminsims, wirkt förmlich. Andererseits wird ein übertriebenes Mißverhältnis in Gestalt eines großen Wildblumenstraußes in einer zarten Vase oder sehr kleiner Fenster in einem großen Raum sofort Aufmerksamkeit und vielleicht sogar ein Lächeln hervorrufen. Die Proportion ermöglicht es, das Größenverhältnis von Elementen so zu wählen, daß ihre Unterschiede akzentuiert oder verschleiert werden.

»Man hat gesagt, wenn ich zehn Zentimeter größer wäre als 1,74 Meter, hätten meine Häuser ganz andere Proportionen. Wahrscheinlich.«

FRANK LLOYD WRIGHT

Farbe

WENN DIE PROPORTION DIE MUSIK DES RAUMES IST, SO IST DIE FARBE SEINE POESIE. DIE FARBE LÄSST EINEN Raum kalt oder warm erscheinen, groß oder klein, einladend oder unpersönlich. Selbst eine ganz zarte Tönung läßt, an allen Wänden aufgetragen, einen Raum kleiner, wärmer erscheinen. Andererseits werden die architektonischen Formen durch die Verwendung von Farben oder den Auftrag von reinem Weiß auf getöntem Weiß oder einem anderen Farbton hervorgehoben. Weiß ist eine Farbe, die über ein breites Spektrum verfügt, von unvermischtem Eierschale bis zu dunklem Stuck. Die Farbe kann einen Raum zum Leben erwecken und seine Bedeutung durch Kontraste und Akzente bereichern. Die Koordination der Farben kann eine sehr komplizierte Angelegenheit sein, über die jeder seine eigene Meinung hat. Am wichtigsten ist vielleicht, durch das Sammeln von Proben und Bildern die Farben herauszufinden, die einem am besten gefallen.

»Der ästhetische Grund des Gefallens, das diese weißen Farmhäuser im Kolonialstil hervorrufen, ist einfach: Weiß und nur Weiß reflektiert das Licht der Umgebung in vollem Umfang; Weiß und nur Weiß hat, gegen die Sonne betrachtet, einen reinen blauen oder lavendelfarbenen Schatten. Im Morgengrauen erscheint ein weißes Haus in hellem Türkis, um die Mittagszeit in klarem Gelb und Lavendelblau; im Licht eines prächtigen Sonnenuntergangs ist es orange und purpurrot; kurz: Von einem grauen Tag abgesehen, ist das Haus alles andere als weiß.«

LEWIS MUMFORD

F u n k t i o n

Die Funktion verändert sich mit der Zeit und von Generation zu Generation. Proportionen mögen absolut sein, die Größe eines Fensters steht zur Größe einer Tür immer in derselben Beziehung; ein Eßzimmer jedoch muß nicht ausschließlich für Mahlzeiten benutzt werden. Die Funktion festzustellen und zu verstehen, trägt viel zum alltäglichen Erfolg eines Raumes bei. Der wichtigste Aspekt ist, wie ein Raum für seinen Bewohner arbeitet. Die Gewährleistung von Bequemlichkeit ist ebenso eine Funktion wie das effektive Arbeiten einer Geschirrspülmaschine.

»Ist die praktische Verwendbarkeit nicht eine ästhetische Entscheidung über das Leben?«

ETTORE SOTTSASS

1"
25.4mm

Textur

EINE VIELZAHL UNTERSCHIEDLICHER TEXTUREN REGT DIE SINNE AN UND BELEBT DEN GEIST. IM LEBEN EINES Raumes wird die Textur durch die Materialien vermittelt: hart und weich, rauh und glatt, glänzend und matt. Die Kombination verschiedener materieller Strukturen von Einrichtungsgegenständen und Oberflächen ermöglicht Kontraste, die sinnliche Eindrücke hervorrufen: kühler Schiefer und rauher Sisal auf dem Boden oder Kristallprismen, die von einem schmiedeeisernen Kronleuchter herabhängen. Die Textur kann auch mit den Jahreszeiten verändert werden. Im Sommer können etwa gestreifte Leinenpolster und ein Sisalteppich den schweren, reichverzierten Perserteppich aus Damast ersetzen, der das Wohnzimmer im Winter so behaglich macht. Die materielle Struktur kann auch so schlicht sein wie bei feinem Musselin, der in weichen Falten von schmiedeeisernen Vorhangstangen hängt.

»Stil heißt Verständnis dafür, wie wichtig das Zusammenwirken verschiedener Texturen in einem Raum ist. Und wie man das macht, sagt einem nur die Intuition.«

ANDRÉE PUTMAN

BLACK TURBIT
Sing and rejoice, fortune is
ing on you.
Fritz Karch
200 W 15 ST
#5F
N.Y.C
10001
The Museum of Modern Art New York

Erinnerung und Witz

ERINNERUNG UND WITZ SIND QUALITÄTEN, DIE EINEM RAUM DIE PERSÖNLICHE NOTE GEBEN. In einer Welt massenhaft hergestellter Waren und vom Fernsehen definierter Lebensstile muß es einen Raum geben, der dem Bewohner ein Gefühl des eigenen Wesens vermittelt. Die Bezüge zur eigenen Lebensgeschichte und zur Vergangenheit machen einen Raum einzigartig. Humor in Gestalt von etwas Überraschendem wirkt immer einladend. Sammlungen sind der direkteste Weg, einen Raum persönlich erscheinen zu lassen, und man kann die verschiedensten Gegenstände sammeln. Es müssen nicht Antiquitäten oder Kunstwerke sein: Postkarten, Mischbecher oder ungewöhnlich gestaltete Keksdosen können genauso interessant sein. Die dekorativen Möglichkeiten reichen vom Wandmuster, das einen Raum unmerklich kompakter erscheinen läßt, bis zum überdimensionalen Kunstwerk oder Poster, das die Aufmerksamheit sofort beansprucht. Ein ausgewogener Raum soll nicht einfach nur seinen Zweck erfüllen, sondern auch erfreuen.

»Ich mag Häuser, die gemütlich, wohnlich und persönlich sind. Nicht überfüllt, aber voll interessanter Gegenstände und Spielereien und so vieler origineller Dinge, wie ich vertreten kann.«

CANDICE BERGEN

1 Boden: Hartholz
Teppich? Sisal
2 Wände: Putz, Gips
Tapeten
BILDER
3 Holzteile
Farbe:
4 Sonnenschutz?
Jalousien
5 Türen
Scharniere, Metall
6 SONSTIGES: Zierleisten, usw.

DAS ZIMMER

Man sollte sich mit einem Raum befassen, noch bevor man das erste Möbelstück hineinstellt. Was ist in ihm angelegt? Zunächst einmal besteht er aus drei Arten von Flächen – Boden, Decke und Wände –, die man entweder gleich oder in ganz unterschiedlicher Weise behandeln kann. Hinzu kommen Türen und Fenster und ihre Wirkung. Mit diesen Elementen haben Sie einen Raum voller Möglichkeiten. In einem leeren Raum kann man am besten über (harte und weiche) Materialien und Strukturen nachdenken und sich überlegen, in welcher Beziehung sie zu (praktischen und ästhetischen) Erfordernissen und Annehmlichkeiten stehen. Während die Möbel den Stil und die Individualität eines Raumes bestimmen, werden seine Struktur und sein Wesen durch die Decke, den Boden und die Wände determiniert. Auch sie tragen dazu bei, einen Raum wohnlich zu machen.

EIN WORT ÜBER TEPPICHE

Wenn es Ihnen nicht auf ein bestimmtes Material ankommt, sollten Sie Wollteppiche kaufen. Wolle ist eine Naturfaser mit hervorragenden Eigenschaften. Die meisten heutigen Wollteppiche sind Web- oder Tuftingteppiche. Beim Webteppich werden Garn und Trägermaterial gleichzeitig miteinander verbunden. Beim Tuftingteppich wird die Wolle durchgestoßen und das Rückenmaterial später aufgebracht. Webteppiche sind stärker. Teppiche aus synthetischen Materialien, insbesondere aus endlosem Nylon-Filament, sind eine gute, wenn auch weniger dauerhafte Alternative zum Wollteppich.

DAVE LANDY,
ABC Carpet & Home

Der Boden vermittelt mehr Berührungsempfindungen als jede andere Oberfläche: glatte Kiesel, kalter Granit, weiche Kiefer. Bei jedem Schritt registriert der Fuß das Material, mit dem er in Kontakt kommt, und reagiert darauf. Liegen keine Teppiche auf dem Boden, erscheint er uns nackt. Tatsächlich aber bieten harte Bodenmaterialien ein Spektrum von Möglichkeiten. Man denke nur an all die Steinarten, Fliesen und Hölzer, die als Bodenbeläge verwendet werden – und all diese Materialien lassen sich behandeln. Holz beispielsweise läßt sich sowohl als breiter Schiffsboden mit Nut und Feder oder in schmalen Riemen, als Frischgrät-Parkett oder als gebleichte und getünchte Kiefer verlegen. Steinböden gibt es als rauhgeschnittene Schieferplatten oder vorgefertigte Naturwerksteine bis hin zu polierten Marmorquadraten, von keramischen Fliesen und Ziegelfliesen bis hin zu eingefärbtem Zementestrich. Seit kurzem werden auch für harte Böden Muster verwendet. Holzeinlegearbeiten und gemustertes Parkett haben eine lange Tradition. Dasselbe gilt für schablonierte Muster, die einen Hartboden elegant und lebhaft erscheinen lassen. Ein diagonal angeordnetes Muster aus Rechtecken läßt einen kleinen Raum sehr viel größer erscheinen. Gebleichte und getünchte Böden lassen sich leichter pflegen, sehen immer frisch aus und vermitteln auch optisch einen freundlich-hellen Eindruck. Hartböden sind beständiger, leichter zu reinigen und lassen sich in einer fein abgestuften Farbpalette gestalten. Ein Eichenboden wirkt warm, ein Fliesenboden kühl. Vor allem jedoch bringen Hartböden ein natürliches Element in die von Menschen geschaffene Wohnwelt. Bei weichen Böden geht es um die Textur und um die Schutzfunktion (sowohl für den Hartboden als auch für die Füße). Teppiche und Brücken bereichern die Empfindungen, ob es sich nun um einen geerbten Perser oder um einen Teppichboden, um Sisal oder Segeltuch handelt. Morgens kommen die Füße als erstes mit der harten Wirklichkeit in Berührung; weiches Material macht das Aufstehen leichter. Auch ein optischer Effekt ist zu berücksichtigen: Muster und Farbe, Form und Klarheit. Ein gemusterter Teppich unter dem Eßtisch kann auch ohne Wände den Eindruck einer Abgrenzung vermitteln. Die wichtigste Eigenschaft weicher Böden ist ihre Flexibilität. Sie lassen sich dem Anlaß, der Stimmung oder der Saison entsprechend beliebig austauschen.

WIE MAN EINEN BODEN BLEICHT

»Mischen Sie drei Teile des Bleichmittels A mit einem Teil des Bleichmittels B und tragen Sie die Mischung auf den Boden auf. Lassen Sie die Mischung drei Tage lang einwirken. Verdünnen Sie Japanweiß (eine Künstlerfarbe) mit Terpentin, bis die Mischung Ihren Vorstellungen entspricht. Tragen Sie die Mischung mit einem Lappen so dünn auf den Boden auf, daß die Holzmaserung sichtbar bleibt. Wiederholen Sie den Vorgang. Tragen Sie danach zwei Lagen Fußbodenversiegelung auf, wobei Sie nach jedem Auftrag den Boden mit Schleifpapier behandeln. Den Abschluß bilden drei Lagen Polyurethanlack, der in einem Tag trocknet. Die gesamte Prozedur dauert sieben Tage, doch das Ergebnis wird viele Jahre überdauern.«

SANDRA NUNNERLY,
New York Innenarchitektin

Benjamin Moore & Co.
BASE 1—REGAL WALL
USE

Wände rufen archaische Gefühle der Unsicherheit in uns herauf. Stehen sie zu nah beieinander, fühlen wir uns beengt; sind sie zu weit voneinander entfernt, fühlen wir uns verloren. Aber nicht nur die Anordnung der Wände löst solche Emotionen aus. Auch die Flächen haben Bedeutung, vermitteln Gefühle des Geborgensein oder Unruhe. Die einfache weiße Wand schlechthin gibt es nicht, denn selbst Weiß ist in einer Vielzahl von Tönen erhältlich. Farbig gestrichene Oberflächen können schmucklos oder gemustert, einfarbig oder mehrfarbig sein. Wandbilder können die Illusion einer Welt jenseits der Wand vortäuschen und einen kleinen Raum größer erscheinen lassen. Tapeten bringen ein Muster in den Raum, von historischen Reproduktionen bis zu raffinierten abstrakten Drucken. Holzpaneele und Stukkaturen erinnern an frühere Traditionen. Die Verwendung von Glasziegeln und Metallen kann zeitgenössisch und sogar avantgardistisch wirken. Die Wände können ebensogut eine Weiterführung des Bodens und wie dieser aus Beton, Fliesen oder Marmor sein. Auch die Wände bieten eine Gelegenheit, mit Texturen zu experimentieren. Wände werden gewöhnlich wenig beachtet, spielen aber zweifellos eine Hauptrolle bei der Belebung eines Raumes. Wände können auch bewegt werden. In dem Filmklassiker »Es geschah in einer Nacht« stellt eine an einem Strick befestigte Decke einen der Höhepunkte dar. Die Szene zeigt, daß bewegliche Wände komische Effekte erzeugen, zumindest jedoch so unterhaltsam wie praktisch sein können. In einer Wohnung sind bewegliche Wände vielleicht sogar noch sinnvoller als in einem Großraumbüro. Sie können als Schmuck dienen und einen Zweck erfüllen, etwa die Abgrenzung eines privaten Bereichs. Wandschirme, Vorhänge und Raumteiler haben mit selektiver Transparenz zu tun. Sie verbergen Teile eines Raumes, leugnen aber nicht, daß diese existieren. Ein faltbarer Wandschirm – aus lackiertem Holz, bemaltem Segeltuch, Polsterstoffen oder Glas und Metall – kann erotisch wirken, er verhüllt mehr, als er zeigt. Bewegliche Wände inspirieren die Phantasie; fast jeder aufrecht stehende Gegenstand kann so verwendet werden: ein schräg gestelltes Bücherregal, ein Sofa mit hoher Rückenlehne, sogar Segeltuch, das in einen Kleiderständer gespannt wird. Aufgrund dieser Flexibilität sollte die bewegliche Wand ein fester Einrichtungsgegenstand sein.

WANDSCHIRME UND OPTISCHE BARRIEREN bieten eine flexible Möglichkeit, der Maxime der Moderne, wonach Behaglichkeit mit Raum

gleichgesetzt wird, zu folgen, ohne dabei den gleichermaßen wichtigen Schutz der Privatsphäre zu opfern.

»Ein Raum ohne Bücher ist ein Körper ohne Seele.«

CICERO

WORTE DER WEISHEIT

Frank Lloyd Wright (1867–1959). Frank Lloyd Wright ist der bei weitem einflußreichste Architekt in der Geschichte des modernen amerikanischen Design. Im Verlauf seines fruchtbaren Schaffens, das sich über sechsundsechzig Jahre erstreckte, entwarf er über sechshundert Gebäude, darunter viele private Wohnhäuser. Im Mittelpunkt seiner Philosophie der Architektur und des Wohndesign steht der Begriff der Einfachheit. Einfachheit bedeutet für Wright den vollkommenen Gleichklang des Schönen, Praktischen und Angemessenen. Wie bei allen Dingen, die sich in Harmonie mit der Natur befinden – von der Wildblume bis zum japanischen Druck (um zwei von Wrights bevorzugten Beispielen zu nennen)–, setzt dies Integrität und Anmut und das Fehlen überflüssiger Elemente voraus. Diese ideale Einfachheit des Design nannte Wright »organische Architektur«. Und bis heute ist die organische Einheit eines der überzeugendsten Konzepte der Architektur geblieben. In Wrights Häusern spielt der massive Kamin aus Steinquadern oder Ziegelsteinen (mit allen Assoziationen der Geselligkeit) eine zentrale Rolle. Eine ähnlich wichtige Rolle spielt der Gedanke des modernen Komforts, den Wright durch ein Minimum handwerklich hochwertiger, eingebauter und nach eigenen Entwürfen hergestellter Möbel zu verwirklichen suchte. Vor allem jedoch war Wright leidenschaftlich davon überzeugt, daß sich die vielversprechende amerikanische Wohnarchitektur zweifellos zu einem Standard entwickeln würde, an dem sich eines Tages die ganze Welt orientieren würde.

PRÄGENDE VORBILDER

eine Wildblume
ein steinerer Kamin
ein japanischer Druck
ein Stein im Fluß

»Damit ein Ding einfach sei, braucht es nur in

AUSGEWÄHLTE BAUWERKE VON FRANK LLOYD WRIGHT

Frederick C. Robie House (1907–9), Chicago; Barnsdall Hollyhock House (1917–20), Los Angeles; Kaufmann House, »Fallingwater« (1935–39), Bear Run, Pennsylvania; Johnson Administration Building (1936–39), Racine, Wisconsin; Solomon R. Guggenheim Museum (1959), New York.

FRANK LLOYD WRIGHT ÜBER

DIE EINFACHHEIT

»Einfachheit und Ruhe sind Qualitäten, die den wahren Wert jedes Kunstwerks bestimmen... Aber Einfachheit ist kein Zweck an sich, noch ist sie mit der einfachen Wand eines Schuppens gleichzusetzen. Vielmehr ist sie ein Wesen von anmutiger Schönheit und Lauterkeit, aus der jede Unstimmigkeit und alles Bedeutungslose getilgt wurde. Eine Wildblume ist wahrhaft einfach.«

HÄUSER

»Es sollte so viele Arten von Häusern geben, wie es Arten (Stile) von Menschen gibt, und so viele Differenzierungen, wie es verschiedene Individuen gibt. Ein Mensch, der Individualität hat (und welcher Mensch hat sie nicht?), hat das Recht, diese Individualität in seinem privaten Umfeld zum Ausdruck zu bringen.«

ORGANISCHE ARCHITEKTUR

»Inmitten des Gewirrs von unzähligen überkommenen Formen, die uns das Leben schwermachen, ist nichts schwieriger zu erreichen als die vollkommene Einfachheit der organischen Natur.«

em organischen Sinn sich selbst treu zu sein.«

Fenster. Wie viele Fenster gibt es? Das ist die erste Frage, die wir uns stellen, wenn wir beurteilen wollen, wie bewohnbar ein Raum sein könnte. Die zweite wichtige Frage lautet: Welcher Art sind die Fenster? Doch diese Frage wird nur selten gestellt. Wir brauchen Fenster, um physisch und geistig gedeihen zu können. Nichts ist einfacher, nichts ist komplizierter. Fenster mit Klarglas, Strukturglas, Farbglas, getöntem Glas. Große Erkerfenster, kleine runde Bullaugen. Innenfenster, äußere Öffnungen. Fenster, die eine Aussicht einrahmen, Fenster, die für Frischluft sorgen. Ein Fenster kann zugleich eine Tür sein. Fenster sollten ästhetisch erfreuen und Energie sparen. Die relative Größe der Fenster kann einen Raum größer erscheinen lassen; je nach ihrer Anordnung können sie für einen frischen Durchzug sorgen. Fenster können wie aus dem Bilderbuch oder so überraschend wie eine Pointe gestaltet sein. Ein Fenster über dem Spülbecken in der Küche kann die langweilige Pflicht des Geschirrspülens in eine Gelegenheit zur Meditation verwandeln. Fenster sind der Lebensatem eines Raumes. Fenster sind auch architektonische Elemente.

»Wenn wir Licht beschreiben, sprechen wir von Farbe, Weichheit, Entspannung Erinnerungen, Erregung oder Ruhe.«

ETTORE SOTTSASS

WÄRMESCHUTZGLAS

In den Vereinigten Staaten wurde 1984 ein neuer Standard für Wärmeschutzverglasung entwickelt. Die verbesserte Wärmedämmung wird durch eine Beschichtung erreicht, die direktes Sonnenlicht durchläßt, so daß sich die Innenräume im Winter erwärmen können, die aber im Sommer die Hitze vom Innern des Raumes fernhält. Für die südlichen Klimazonen wurde kürzlich eine silberhaltige Beschichtung entwickelt, die Hitze blockieren kann.

Mit Vorhängen, Jalousien und Läden können sie modisch gestaltet werden; dadurch werden zusätzliche Texturen eingeführt und Lichtverhältnisse verändert. Vorhänge und Läden sind praktische Dinge, die das Licht abschirmen. Gleichzeitig sind sie jedoch durchaus auch Elemente des Stils und der Atmosphäre. Vom einfachsten Musselin, der sich bei jeder Brise bewegt, bis zur königlichen Drapierung dienen Vorhänge auch dazu, die festen Strukturen eines Raumes abzumildern. Hölzerne Fensterläden wirken eher volkstümlich und architektonisch reizvoll, während Metalljalousien sehr modern erscheinen. Beim Betreten eines Raumes fallen oft zuerst die Fenster auf. Die Entscheidung, ein Fenster einzukleiden oder es nackt zu lassen, ist so subjektiv wie jede andere Entscheidung über die Raumausstattung. Je nach der Gestaltung eines Fensters ergeben sich bestimmte Muster von Sonnenlicht und Schatten, die die Wesensmerkmale eines Raumes unterstreichen. Die Polsterung eines Stuhls ist schnell vergessen; an die Lichtqualität eines Raumes dagegen wird man sich noch lange erinnern.

GLAS

Durchsichtiges Glas ermöglicht die beste Sicht. Sichthindernde Verglasung hat auf einer oder auf beiden Seiten eine Struktur und bricht oder blockiert die Sicht. Es läßt jedoch diffuses Licht zu etwa 80 Prozent durch.

Türen. Obwohl Türen kaum als Blickfang des Design gelten können, tragen sie doch zur Substanz eines Raumes bei. Nach außen führende Türen erfordern eine massivere Ausführung als Innentüren. Beide Türarten werden heute freilich immer mehr standardisiert, obwohl sie individuell gestaltet werden könnten. Man denke nur an die Verwendung von Schiebetüren in engen Räumen oder an quergeteilte Türen, die Licht und Luft hereinlassen und eine Teildurchsicht nach draußen ermöglichen, ohne Eindringlinge hereinzulassen. Doppeltüren vermitteln einen Hauch von Grandeur, Türen mit Oberlichtern verbessern die Luftzirkulation. Hohltüren und Aluminiumtüren verfügen weder über das Gewicht noch die Stabilität von geschnitztem Eichenholz oder patiniertem Stahl. Türen vermitteln zwischen dem öffentlichen und dem privaten Bereich. Sie können durchscheinend oder durchsichtig sein und dabei physische, aber nicht immer visuelle Grenzziehungen darstellen. Glastüren sind zugleich Fenster und bringen Licht ins Innere. Falttüren können als Wände dienen und einen Raum teilen. Eine breite Tür signalisiert Gastfreundschaft; eine enge Tür läßt an einen Geheimgang denken. Hinter einer Tür steht immer das Versprechen einer Entdeckung.

Decke. Eine gute Decke ist ein Plus. Selbst die kürzeste Immobilienanzeige brüstet sich mit einer Gewölbedecke, einer alten Balkendecke oder einer verzierten Deckentäfelung. Über drei Meter hohe Decken sind immer eine Erwähnung wert. Decken können als Fortsetzungen der Wände angesehen und in derselben Farbe gestrichen werden; sie können aber auch in einem anderen Ton gehalten werden, um das Gefühl von Ausdehnung oder Intimität zu erhöhen. Deckengemälde und reflektierende Oberflächen werden die Aufmerksamkeit bannen, während eine altmodische Decke aus gepreßten Zinnkassetten oder eine Stuckdecke den Stempel der Geschichte trägt. Tapeten an der Decke helfen dem Kind vielleicht, einzuschlafen; schallabsorbierende Deckenverkleidungen dämpfen die Lieblingsmusik des Teenagers. Die Decke bietet die Möglichkeit für eine rein optische Geste, für etwas Angenehmes, zu dem man immer wieder von neuem gerne aufblickt.

Kassettendecken aus Kunststoff oder glasfaserverstärktem Gips sind leichter, billiger und brandsicherer als traditionelle Holzkassetten. Sie werden vorgefertigt oder als Sonderanfertigung geliefert. Eine Decke, die etwas dunkler ist

als die Wände, läßt den Raum größer erscheinen. Man kann die dunklere Tönung auch auf den oberen dreißig bis fünfzig Zentimetern der Wände auftragen und Zierleisten anbringen, um die Wirkung zu erhöhen.

RICHTUNG DER TÜREN

Feng Shui ist die alte chinesische Philosophie des naturnahen Design. Sie besagt, daß nach Nordwesten gerichtete Türen weitgespannte Interessen verheißen. Türen, die nach Nordosten gerichtet sind, signalisieren Intelligenz; nach Südosten gerichtete Türen bringen Wohlstand, Türen nach Südwesten versprechen einen guten Ehepartner.

HOME

MÖBEL

Boden und Wände sind das feste Gerüst, das dem Raum Struktur verleiht; das grundlegende Mobiliar verleiht ihm Charakter. Die Funktion der Möbel ist unterschiedlich; sie bieten nicht nur einen Platz zum Sitzen oder Essen. Vielmehr drückt das Mobiliar auch einen Wert aus. Jedes Möbelstück, egal wie bescheiden oder kultiviert, vermittelt Informationen über seine Qualität und Zweckmäßigkeit. Frank Lloyd Wright sagte einmal, daß wir nur besitzen sollten, was wir auch würdigen können. Bei der Wahl der Möbel und ihrer Verwendung sollte der Lebensstil ausschlaggebend sein, nicht der Geldbeutel. Der wahre Wert des Mobiliars besteht letztlich darin, daß man die Möbel wählt, die dem eigenen Stil am besten entsprechen.

QUALITÄT IST GLEICH WERT

»Großes Design ist bemerkenswert einfach. Objekte von hoher Qualität scheinen den Beschränkungen ihrer Entstehungszeit nicht verhaftet, weil bei ihrem Design gezielt und mutig alles Unnötige weggelassen wurde. Die Design-Sammlung des Museum of Modern Art will zeigen, daß gutes Design jedermann zugänglich sein kann; Preise sind kein Kriterium. Eine anonym hergestellte Schüssel aus feuerfestem Glas kann genauso ein gutes Design haben wie eine Vase von Alvar Aalto.«

TERENCE RILEY,
Direktor für Architektur und Design, Museum of Modern Art, New York

Unser Leben wird heute mehr als jemals zuvor vom Design geformt. Die Gegenstände des täglichen Gebrauchs werden von Designern gestaltet – vom Computer bis zum Geschenkpapier, vom Auto bis zum Öko-Müllbehälter. Aber Design ist nicht einfach ein Marketing-Instrument, es besagt zugleich, daß wir Qualität verstärkt wahrnehmen und beachten. Mit anderen Worten: Wir haben begriffen, daß gutes Design den Wert steigert. Design ist nicht das exklusive Recht derer, die es sich leisten können. Gutes Design ist nicht nur beständig, sondern auch allgemein zugänglich. Das ist unsere Definition des klassischen Design-Objekts. Früher beruhte der Status eines Gegenstandes auf seiner Seltenheit, seinen Proportionen, seiner erwiesenen Anziehungskraft und manchmal seinem Preis. Heute müssen klassische Gegenstände zugleich nützlich, elegant und zweckmäßig sein. Auch ein Bleistift der

»Ich bin vollkommen davon überzeugt, daß einfache, schlichte Dinge protzigen, komplizierten Gegenständen überlegen sind. Ein einfacher und befriedigender Gegenstand stellt eine größere Leistung dar als etwas Aufwendiges. Gute Objekte haben ein ehrliches, integres, einfaches und mutiges Design. Eine schlichte Milchflasche aus Glas kann letztlich eindrucksvoller sein als eine raffinierte, versilberte Kanne.«

TERENCE CONRAN, *The Conran Shop*

Härte F hat sein eigenes, unverwechselbares Design. Das gilt auch für einen Koffer von Louis Vuitton. Die Gestaltung beider Gegenstände ist von größter Sparsamkeit gekennzeichnet; bei der Herstellung werden dauerhafte, für den entsprechenden Zweck bestens geeignete Materialien verwendet. Wenn ein wichtiges Möbelstück als Mittelpunkt im Raum stehen soll, kann es sein, daß eine einmalige größere Geldausgabe eine geringere Gesamtausgabe bedeutet. Doch es muß nicht immer ein teures Einzelstück sein. Wer den Wert des Design versteht, wird auf die Herkunft – also auf die Frage, ob ein Stück nachweisbar ein Original ist – nicht unbedingt den größten Wert legen. Klare Umrisse, solide Materialien und Zuverlässigkeit charakterisieren die Objekte, die heute als wertvolle Klassiker gelten, ob es sich nun um eine Chaiselongue von Le Corbusier oder um einen Stapelstuhl von Conran handelt.

Stuhl. In der Ergonomie unseres täglichen Lebens spielt der Stuhl eine Hauptrolle. Er hält uns beim Frühstück aufrecht, stützt uns am Schreibtisch und wiegt uns am Ende eines langen Tages. Mit jeder neuen Funktion verändert sich das Wesen des Stuhls dramatisch. Der Schreibtischstuhl mit der steifen Rückenlehne und der Lesesessel mit seinen runden Armen scheinen kaum derselben Familie anzugehören. Doch ist es hilfreich, Ähnlichkeiten wie Unterschiede der verschiedenen Stuhltypen zu betrachten, um herauszufinden, zu welchem Zweck man den jeweiligen Stuhl am besten verwendet. Im Unterschied zu den meisten anderen Möbeln hat ein Stuhl notwendigerweise eine direkte Beziehung zu seinem Benutzer. Nur eine Person kann zu einem bestimmten Zeitpunkt Besitz von ihm ergreifen. Schon aus diesem Grunde ist die Rolle, die ein bestimmter Stuhl in einem Raum spielt, eine offene Frage. Die Auswahl des Stuhles wird daher ganz zu Recht von persönlichen Vorlieben bestimmt. Nehmen wir zum Beispiel einen Sessel. Alle Stühle sind auf einer Skala irgendwo zwischen hart und weich einzuordnen; ihre Funktionen rangieren von der eindeutigen Zweckbestimmung bis zur Entspannung. Der Sessel ist die weichste Sitzgelegenheit. Doch auch er hat einen Zweck: Ein Sessel, der seinen Zweck erfüllt, muß Behaglichkeit ausstrahlen. Seine Tiefe, die Nachgiebigkeit seiner Polsterung, seine materielle Beschaffenheit und andere Aspekte, die sich vielleicht nur in emotionalen Kategorien ausdrükkenlassen, sprechen den einzelnen ganz unmittelbar an. Denn unser heutiges Leben ist derart vollgestopft und hektisch, daß eine konzentrierte Dosis Entspannung – eine halbe Stunde, die man lesend oder dösend in einem Sessel verbringt – eine wertvolle Form der Erholung darstellt.

LCM-ESSZIMMERSTUHL,
1946,
Charles und Ray Eames

DURCHSCHNITTLICHE SITZHÖHEN

Kinderstuhl 20–36 cm
Klubsessel 39 cm
Bank 42 cm
Stapelstuhl 43 cm
Bürodrehstuhl 44 cm
Eßzimmerstuhl 46 cm
Barhocker 76 cm

Normmaße des American Institute of Architects

»Wir sitzen heute ganz anders, als Marie Antoinette auf einem Stuhl oder einem Sofa saß. Wir essen heute ganz anders, als Heinrich VIII. aß. Das bedeutet, daß es sogenannte praktische Erfordernisse nicht gibt. Es gibt nur Erfordernisse und Lösungen für Erfordernisse.«

ETTORE SOTTSASS

STÜHLE IM ZWANZIGSTEN JAHRHUNDERT

WIENER KAFFEEHAUSSTUHL
1859, von Michael Thonet

COSTES-STUHL
1982, von Philippe Starck

ADIRONDACK-STUHL
um1903, von Thomas Lee

MODELL B33
1930, von Marcel Breuer

TRIPOLINA-SESSEL
um 1855, von J.B. Fenby

KLUBSESSEL UND SCHEMEL
1956, von Charles Eames

DRAHTSESSEL »DIAMOND«
1952, von Harry Bertoia

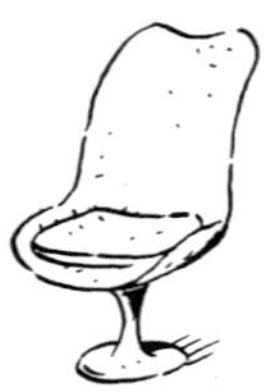

TULPEN-STUHL
1956, von Eero Saarinen

CROSS-CHECK-ARMSESSEL
1991, von Frank Gehry

STUHL FÜR DAS KABARETT FLEDERMAUS IN WIEN
1905, von Josef Hoffmann

BERÜHMTE SITZENDE

Sphinx von Giseh
Michelangelos Moses
»Van Goghs Stuhl mit Pfeife«
Rodins **Denker**
Lincoln Memorial
Christine Keeler

»Ein Stuhl ist ein sehr schwieriges Objekt. Ein Wolkenkratzer ist beinahe einfacher, deshalb ist Chippendale so berühmt.«

MIES VAN DER ROHE

STUHL DER ITALIENISCHEN NEOKLASSIK eigenwilliger als seine großartigeren Vettern aus dem napoleonischen Frankreich oder die architektonisch geformten Stühle des Biedermeier. Neoklassische Designs sind heute sehr gefragt, weil sie sich gut mit den meisten zeitgenössischen Stilen mischen lassen.

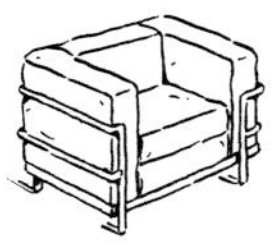

LC-2 PETIT CONFORT wurde 1928 von Le Corbusier entworfen. Für das Rahmengestell wurde Stahlrohr verwendet – das bei den frühen Designern der Moderne sehr beliebt war und das sie vom Flugzeugbau übernommen hatten –, dazu kommen weiche, daunengefüllte Lederkissen. Der Sessel wird noch heute bei Atelier International hergestellt. Nachahmungen sind überall erhältlich.

ESSZIMMERSTUHL entworfen von Charles und Ray Eames 1946, aus schichtverleimtem Holz geformt. Der Stuhl ist ein schönes Beispiel für das Design nach dem Zweiten Weltkrieg. Die Wertmaßstäbe der Industrieproduktion wurden nun auch auf die dekorativen Künste übertragen. Organischen Formen, die von den wissenschaftlichen Entdeckungen beeinflußt waren, wurde für die Herstellung erschwinglicher Stühle der Zukunft zentrale Bedeutung zugemessen. Der Eßzimmerstuhl wurde von der Herman Miller Furniture Company hergestellt und ist heute eine Antiquität des 20. Jahrhunderts von hohem Sammelwert.

AMERIKANISCHE WINDSOR Stühle wurden ursprünglich in England entworfen. Der erste Stuhl stammt aus Schloß Windsor aus dem Jahr 1650. Den Höhepunkt ihrer Popularität erreichten die Stühle im Amerika des frühen 19. Jahrhunderts. Vom Windsor-Stuhl gibt es viele Varianten. Gewöhnlich hat er spindelförmig gedrechselte Sprossen in der Rückenlehne und ist deshalb leicht erkennbar. Er wird auch heute noch häufig hergestellt.

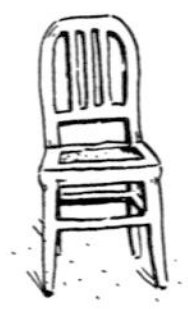

CLEVELAND FIREPROOF ALUMINUMSTUHL typisch für die leichtgewichtigen Büromöbel der dreißiger Jahre. Aluminium galt damals als hochinteressantes neues Material, das von der Luftfahrtindustrie entdeckt worden war. Aluminiumstühle sind extrem langlebig; als Sammelobjekte sind Stühle aus aufgerauhtem Aluminium und mit klaren Linien neuerdings begehrt.

STICKLEY-STUHL 1905 von Gustav Stickley entworfen, der durch seine Arbeiten einfache, handwerklich solide Möbel für jedermann propagierte. Dieser Stuhl ist eine Adaption des englischen Morris-Stuhls, der sich durch breite, flache Armlehnen ausgezeichnet hatte, die als bequeme Ablageflächen für die Arme, für Bücher oder sogar für Kaffeetassen dienen konnten. Viele der ursprünglichen Designs findet man bei L. & J. G. Stickley, auf Auktionen (Originale) oder über andere, weniger offizielle Quellen, die den Kolonialstil adaptiert haben.

WORTE DER WEISHEIT

Elsie de Wolfe (1870–1950) sollte in jeder modernen Geschichte der Raumgestaltung genannt werden. Sie nannte sich selbst die erste Raumgestalterin, und dieser Titel blieb an ihr haften, ob nun zu Recht oder zu Unrecht. Jedenfalls war sie ganz sicher die extravaganteste Raumgestalterin, und ihr einzigartiges Stilempfinden wirkt noch heute nach. Als viele des sogenannten »goldenen Zeitalters« am Ende des 19. Jahrhunderts mit seinen verstaubten viktorianischen Einrichtungen – schwere Samtvorhänge und mit Topfpalmen vollgestopfte Räume – überdrüssig waren, bot Elsie de Wolfe den Amerikanern ein frischeres Raumgestaltungskonzept an. Sie übersetzte ihre Begeisterung für die hellbemalten Einrichtungen und luftigen Räume, die im Frankreich des 18. Jahrhunderts vorgeherrscht hatten, in eine moderne Präferenz für minimalen Luxus. Ihre Räume galten im Vergleich zur Norm der Jahrhundertwende als relativ kahl, doch war ihr Ansatz keineswegs zurückhaltend. Tatsächlich wirken die für ihren Stil charakteristischen Entwürfe sowohl beherrscht als auch schwungvoll: Leopardenfell auf Louis-XVI-Sesseln, in Spiegelglas eingelassene Zierleisten, weißlackierte Möbel vor farbigen Wänden. Elsie de Wolfe appellierte auch an den gesunden Menschenverstand. Sie erklärte, guter englischer Chintz sei billigem Brokat vorzuziehen, weil er praktischer sei. Im Stil einer Periode eingerichtete Räume waren ihr verhaßt. Ihre Maxime war die Mischung verschiedener Elemente, wodurch die Räume eine persönliche Note bekamen. Im Vorwort der 1982 von Jane Smith veröffentlichten Biographie faßte Diana Vreeland de Wolfes Beitrag zusammen: »Was Elsie für die Raumausstattung unserer Zeit leistete, wird auf ewig überdauern.«

PRÄGENDE VORBILDER

Louis XIV.–XVI.
der Parthenon
englischer Chintz

»Zweckmäßigkeit! Z

ELSIE DE WOLFE ÜBER

PRIORITÄTEN

»Wenn ich gebeten werde, ein neues Haus auszustatten, gilt mein erster Gedanke der Zweckmäßigkeit. Mein zweiter Gedanke gilt der Proportion. Die Bedeutung der Einfachheit ist mir ständig bewußt.«

BEHAGLICHKEIT

»Licht, Luft und Behaglichkeit – diese Elemente müssen in einem Raum vorhanden sein.«

GESCHMACK

»Wie können wir Geschmack entwickeln? Einige von uns entwickeln ihn leider nie, weil wir zu sehr am Scheinhaften hängen. Wir müssen lernen, Zweckmäßigkeit, Einfachheit und Proportionen zu erkennen und unser Wissen unseren Bedürfnissen entsprechend einzusetzen.«

SCHLAFZIMMER

»Ich glaube, daß in einem Haus alles behaglich sein sollte, aber das Schlafzimmer muß mehr als nur behaglich sein: Es muß intim sein.«

weckmäßigkeit!«

DER COUCHTISCH

Mit dem Couchtisch verhält es sich wie mit Henry Thoreaus Bleistift, den er beinahe nach Walden Pond mitzunehmen vergaß: er ist so sehr zu einem Bestandteil unseres Alltags geworden, daß wir ihn völlig übersehen.
Er ist so vollkommen funktional, daß er fast unsichtbar ist.
Der Couchtisch ist der perfekte Mittelpunkt um den sich Freunde und Möbel scharen. Er trägt die Getränke derer, die sich auf der Couch hinstrecken, er bietet eine praktische Fläche, auf der sich alle möglichen Gegenstände zur Schau stellen lassen.
Der Couchtisch wurde weniger vom Design, als vielmehr von unseren Wünschen hervorgebracht.

VORLÄUFER DES COUCHTISCHES

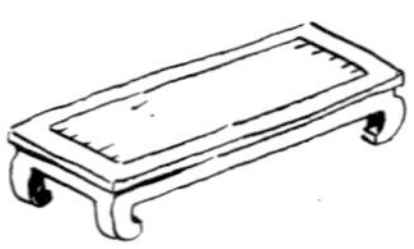

CHINESISCHER K'ANG TISCH
1368–1644. Zeremonieller Tisch für zu Hause. Die niedrigen, bodennahen Proportionen wurden für die Möbel des Art déco übernommen.

ITALIENISCHE RENAISSANCE-TRUHE
1610–1699. Eine Vielzwecktruhe als Stauraum für alle möglichen Gegenstände, vor allem Bücher.

ENGLISCHER HERRENTISCH
1797. Ein Tisch für den Salon oder das Arbeitszimmer. Bei geselligem Beisammensein mit Freunden wurden die Wein- oder Portweingläser auf diesen Tisch gestellt.

OTTOMANE DER BELLE ÉPOQUE, FRANKREICH
1890–1914. Ein niedriges, gepolstertes, häufig rundes oder rechteckiges sofaähnliches Möbelstück, das neben förmlicheren Sitzgelegenheiten aufgestellt wurde.

Grosse Tische. Wenn genügend Raum zur Verfügung steht, sollte immer ein übergroßer Tisch vorhanden sein. Große Tische haben nicht nur viele Leben – sie ziehen Gäste an, dienen als Ablage und bieten eine Arbeitsfläche –, sie bringen auch Leben ins Haus. Das Leben in einem Raum kreist um den größten darin befindlichen Tisch, egal wo er steht. Stühle, Menschen und Aktivitäten werden von ihm geradezu angezogen. Der Küchentisch aus dem Bauernhaus ist noch immer beliebt. Er ruht auf vier starken Beinen und wirkt ohne jeden Schnickschnack sehr charaktervoll. Er kann so manchen Schlag vertragen; je mehr man ihn abnutzt, desto besser. Tischdecken sind nicht erforderlich. Ein schlichter Bauerntisch entspricht vielen Zwecken, aber sein wichtigster Zweck ist die Geselligkeit.

ERINNERUNG AN BILLY BALDWIN

»Was die Höhe der Tische eines Zimmers betraf, war Billy der Meinung, daß sie variieren sollte, damit das Auge nicht überall im Zimmer auf dieselbe horizontale Linie stieß. Wenn man natürlich rechts und links von einem Sofa ein Lampenpaar aufstellt, dürfen die Tische nicht verschieden hoch sein.«

ARTHUR SMITH,

Innenarchitekt

Beistelltische sind ein relativ neuer Möbeltypus. Sie wurden wahrscheinlich mehr der größeren Bequemlichkeit wegen als aus einem Bedürfnis heraus entwickelt. Beistelltische, Couchtische, stapelbare Tische und Nachttische sind ein Zubehör zu anderen Möbelstücken und sollen der Bequemlichkeit dienen und ständig verfügbar sein. Sie mögen schmächtig wirken – Beistelltische sind häufig verkleinerte Tische –, doch sind sie in unserem Alltag sehr wichtig geworden. Sie bieten uns die Möglichkeit, Objekte zur Schau zu stellen oder sie einfach als Ablagefläche zu nutzen. Ein richtiger Beistelltisch muß in zweifacher Hinsicht passen: Er muß von der Größe her zu dem Möbelstück passen, neben dem er steht (aber nicht unbedingt denselben Maßstab haben), und er muß die richtige Höhe haben, damit er seine Funktion gut erfüllen kann. Natürlich kann ein Beistelltisch auch allein aufgestellt werden als eine Art Stilleben vor dem Fenster oder als eine eigenständige Komposition von eleganten Linien.

Warum

IM FERNSEHZEITALTER IST NICHT DER HUND, SONDERN

ein

DIE COUCH DER BESTE FREUND DES MENSCHEN.

Sofa?

LEUTE, DIE GERN EIN NICKERCHEN MACHTEN

Alexander der Große, Napoleon, Thomas Edison, Winston Churchill, Harry Truman, Oblomow, Salvador Dali, Ronald Reagan

DAS SOFA IST DER KUMPAN DER MÜDEN, ABER DER ALPTRAUM des Designers. Es ist entweder zu durchgelegen oder zu hart. Seine Proportionen wirken unattraktiv und beanspruchen in einem Raum die gesamte Aufmerksamkeit. Vor allem die Größe, und nicht so sehr der Zweck, entscheidet darüber, an welchem Platz das Sofa aufgestellt wird. Und doch strahlt das Sofa Behaglichkeit aus. Selbst Versionen mit aufrechter Rückenlehne, Abkömmlinge jener lehnenlosen Sessel, die bei römischen Gelagen üblich waren, sollen dem Zweck dienen, eine entspannte Unterhaltung zu fördern. Vor allem jedoch lädt das Sofa zu einem Schläfchen ein: Es ist hinreichend gepolstert, um die Glieder zu verwöhnen, aber es ist weder flach noch breit genug, um ein Bett zu ersetzen. Denn ein Bett impliziert, daß das Geschäft des Schlafens ernst genommen wird, und nur wenige Sessel erlauben es, den Hals ganz auszustrecken. Nach Meinung vieler Menschen ist ein Sofa der einzige legitime Ort für ein Nickerchen. Nur das Sofa geleitet den Freund des Nickerchens ruhig in jenen träumerischen, halbbewußten Zustand hinüber, der als wahres Geschenk eines großen Sofas gilt.

Der surrealistische Maler Salvador Dali saß bei seinem Nickerchen in einem Lehnstuhl mit vollautomatischem Wecksystem. Dali hielt einen Löffel in der Hand und einen Zinnteller zwischen den Füßen. Sein Nickerchen war zu Ende, sobald der Löffel auf den Teller fiel.

Ein viertelstündiger Mittagsschlaf ist so tief, daß der Körper Energie für die nächsten sieben Stunden Aktivität erhält.

TAG

Betten sind eine kurze Pause zwische

NACHT

den Stadien des Wachseins.

Betten. Alle Menschen müssen sich irgendwann im Leben für das Bett entscheiden, in dem sie liegen wollen – ob sie nun gerade unabhängig geworden, jung verheiratet oder einfach in eine neue Wohnung eingezogen sind. Aber was ist eigentlich ein Bett? Ein Futon auf dem Boden, ein Metallrahmen auf Rädern, ein Rollbett, ein Himmelbett – es gibt so viele Optionen, daß eine schnelle Wahl schwerfällt. Die heutigen Betten sind größer als je zuvor. Mehrere historische Stile sind in den letzten Jahren wieder in Mode gekommen, vor allem das Ruhebett und das Himmelbett. Betten mit gepolstertem Kopfteil sind ideal, um im Bett zu lesen; der Kopfteil ist abnehmbar und kann zeitweise entfernt oder ganz durch einen großen Kissenhaufen ersetzt werden. Die grundlegende Entscheidung, die in bezug auf Betten getroffen werden muß, ist die Frage, ob man aufrecht sitzen will und deshalb eine Rückenstütze braucht oder ob man lieber sanft in die Daunen sinken will.

SIE WOLLEN EINE MATRATZE KAUFEN? Stellen Sie auf jeden Fall folgende Fragen: Wie viele Spiralfedern hat die Matratze? (300 bis 450 Spiralfedern in einem großen Bett.) Wie groß sind sie? (Spiralfedern zwischen 18 und 36 Zentimeter Länge ergeben eine gute Federung.) Wie dick ist der Stahl der Federn? (Von der Stärke der Stahldrähte hängt es ab, wie haltbar die Federn und wie weich die Betten sind.) Wie viele Windungen hat eine Feder? (Je mehr Windungen sie hat, desto elastischer ist die Matratze.)

CHARLES BECKLEY,
Hersteller von Spezialbetten

DIE FEDERKERNMATRATZE wurde 1860 erfunden.

DIE ALTEN ÄGYPTER wurden in ihren Betten beerdigt.

DIE ALTEN RÖMER schliefen in der Unterwäsche.

FADENZÄHLER

(Weberglas) dient zum Auszählen der Kett- und Schußfäden von Geweben, z. B. auch bei Baumwollaken. Je höher die Zahl, desto stärker und weicher ist der Stoff. Die Fadenzahl von Bettlaken liegt zwischen 150 und 350.

AUF DIE FÜLLUNG KOMMT ES AN

Besteht die Füllung einer Steppdecke oder eines Federbetts aus Daunen und Federn, hängt ihre Qualität vom prozentualen Anteil der Daunen ab. Je größer der Daunenanteil (etwa bei der »fedrigen Daune«), desto wärmer ist die Decke.

DAS GRÖSSTE BETT DER GESCHICHTE

war 550 Zentimeter breit und 370 Zentimeter lang. Philipp der Gute schenkte das Bett im 15. Jahrhundert Isabella von Portugal.

Eingebaute Stauräume.

Die moderne Lebensweise ist durch immer knapper werdenden Raum gekennzeichnet. Daraus folgt das Problem, Aufbewahrungsmöglichkeiten für die Gegenstände des Alltags zu schaffen – eine weniger spektakuläre Aufgabe des Design. Dies stellt hohe Anforderungen an Fähigkeiten, die nicht zu unseren stärksten zählen: Organisationstalent und Logik. Stauräume werden in unterschiedlichen Größen und Zugriffsmöglichkeiten benötigt, ob sie nun dazu dienen, seit der Schulzeit hartnäckig aufbewahrte Jahreskalender zu lagern, oder dazu, die Sportausrüstung stets griffbereit zu haben. Neben all dem, was in einem Haushalt üblicherweise verstaut werden muß – wie Kleider, Decken und Spielzeug –, wurde durch die neuen Technologien mindestens eine neue Kategorie aufzubewahrender Gegenstände eingeführt: die Unterhaltungselektronik einschließlich Stereo-Set, CD-Player und Videorecorder. Ein paar Glückliche verfügen über genügend Raum, um solche Geräte außer Sichtweite und aus der Erinnerung zu verbannen, vielleicht sogar in ein eigens dafür eingerichtetes Zimmer. Aber wir übrigen müssen uns dazu etwas einfallen lassen. Bei der Planung kann man zwischen fest eingebautem und beweglichem Stauraum unterscheiden. Die Shaker bevorzugten Schrankwände mit Schubladen, wobei jede Schublade so groß gebaut wurde, wie es der Inhalt erforderte. Dieses Design erscheint heute besser als je. Vom begehbaren Schrank bis zum hölzernen Tellerbord: alles mögliche kann zum Stauraum werden.

ORGANISATION

Räumen Sie Ihre Abstellkammer oder einen anderen Teil des Hauses auf und schaffen Sie eine neue Ordnung. Dafür steht Ihnen eine große Zahl von Läden und Firmen zu Diensten, die Ihnen alles liefern können, was Sie brauchen: vom Bausatz für ein Schuhregal bis zu maßgefertigten Einbauschränken.

LEO TOLSTOY
low-calory
HOWARDS END
E.M. FORSTER
THE SEA OF GRASS
CONRAD RICHTER
HEADLINE
blended with Havana

Bewegliche Stauräume.

Die Geschichte bietet eine hervorragende Lösung für die Vergrößerung des Stauraums: bewegliche Container. Im Mittelalter enthielten Mehrzwecktruhen beim Umzug eines Haushalts den gesamten Hausrat und dienten bei der Ankunft als Tische und Betten. Im frühen 19. Jahrhundert führte Napoleon die Mode der tragbaren Feldmöbel ein. Unser heutiges Leben ist weniger leichtgewichtig, doch könnten wir das Grundkonzept des beweglichen Stauraums natürlich unseren Verhältnissen anpassen. Schränke, die in früheren Zeiten traditionell der Aufbewahrung von Bettwäsche und Kleidung dienten, wenn keine Kammern vorhanden waren, können heute die Utensilien Ihrer Unterhaltungselektronik aufnehmen. Bei Schrankkoffern und Truhen läßt sich sowohl der Innenraum als auch die Oberfläche nutzen. Selbst das Konzept des offenen, sichtbaren Stauraums könnte besser genutzt werden – in Bücherschränken, auf Tischen und Regalen lassen sich Gegenstände zur Schau stellen und zugleich aufbewahren. Eine breite Bilderleiste an der Wand bietet genügend Platz, um Bilder aufzustellen. Einbauschränke wurden erst im frühen 19. Jahrhundert erfunden, und doch haben wir bereits vergessen, wie viele Möglichkeiten die Menschen einst kannten, um ihre Besitztümer aufzubewahren. Am wichtigsten ist freilich, daß bewegliche Stauräume es uns ermöglichen, den in einem Haus verfügbaren Raum flexibler zu nutzen.

ZEDERNDUFT

Mottenkugeln vergiften die Insekten durch Formaldehyd. Zedernholz als innere Verkleidung von Schränken, Truhen und Schubladen hält die Motten davon ab, ihre Eier zu legen, und schützt so die Kleider. Und Zeder riecht auch besser. Ein getrockneter Rosmarinsproß wehrt die Motten ebenfalls ab und verbreitet außerdem einen angenehmen Duft.

Indirektes Licht ruft bei den Menschen rein emotionale Reaktionen hervor. Erscheint ein Raum romantisch und wohnlich oder aber klinisch und bedrückend, so ist die Ursache in der Hintergrundbeleuchtung zu sehen. Experten behaupten, daß Entspannung oder Intimität durch eine ungleichmäßige, periphere Beleuchtung gefördert werden, während eine helle, einheitliche Beleuchtung Klarheit und Großräumigkeit suggeriert. Beim indirekten Licht besteht der Trick darin, daß der Raum beleuchtet wird, ohne ein bestimmtes Objekt anzustrahlen. Hintergrundbeleuchtung betont den Charakter eines Raumes. Indirekte Beleuchtung erfolgt durch Diffusion, Reflexion und reflektierende Oberflächen. Es gibt viele unterschiedliche Stile und Typen von indirekt wirkenden Leuchtkörpern: Deckenfluter, Stehlampen, Wandlampen, eingelassene Lampen und Decken- oder Hängelampen. Sogar Funktionsleuchtkörper (wie zum Beispiel Richard Sappers klassische Tizio-Lampe) gehören dazu, wenn sie so gerichtet sind, daß ihr Licht von der Decke reflektiert wird. Indirekte Beleuchtung läßt einen kleinen Raum deutlich größer erscheinen, vor allem dann, wenn die Wände nicht in dunklen, lichtschluckenden Farben, sondern in hellen, reflektierenden Tönen gehalten sind.

»Mehr Licht!«

GOETHES LETZTE WORTE

WANDFLUTER sind in einem bestimmten Winkel eingestellte Beleuchtungskörper, die eine Wand mit Gemälden, Drucken oder Bücherschränken anstrahlen. Stellen Sie die Leuchte nicht weiter als 50 Zentimeter von der Wand entfernt auf. Benutzen Sie Wolfram-Reflektor-Birnen.

Direktes Licht dient einem bestimmten Zweck. Bei der Suche nach dem richtigen Beleuchtungssystem sollte zunächst eine Bestandsaufnahme der in einem Raum ausgeübten Tätigkeiten und der Beleuchtungsart erfolgen, die dafür am besten geeignet ist. Beim Abwägen der Optionen für direkte Beleuchtung muß man über grelles Licht, Reflexionen und Standort nachdenken. Funktionsleuchten sollten grundsätzlich beweglich sein. Eine Faustregel besagt, daß sich der Lampenschirm etwa auf Augenhöhe befinden sollte, wenn man die bestmögliche Wirkung erzielen möchte. Halogenlampen und neuerdings auch energiesparende kompakte Leuchtstoffröhren sind für direkte Beleuchtung besonders gut geeignet, weil sie nur sehr wenig Wärme abstrahlen. Bei der direkten Beleuchtung ist die von der Leuchte erzeugte Lichtfarbe nicht entscheidend; hingegen ist es sehr wichtig, die Leuchten so abzuschirmen, daß die Augen gegen allzu grelles Licht geschützt sind, ohne daß dabei jedoch zu viel Schatten erzeugt wird. Bei alltäglichen Funktionen, zum Beispiel in der Küche, kann es vorteilhaft sein, über dem direkten Licht einen Reflektor anzubringen, der das Licht diffus erscheinen läßt. Das Ziel guter direkter Beleuchtung ist jedenfalls das Zusammenwirken von Technologie und Ästhetik.

WANDLEUCHTE MIT SCHIRM
TISCHLEUCHTE IN KERZENHALTERFORM
TISCHLEUCHTE
HIGH-TECH-FUNKTIONSLEUCHTE
TISCHLEUCHTE VON NOGUCHI
SCHREIBTISCHLEUCHTE VON ARTS AND CRAFTS
STURMLATERNE AUS GLAS MIT KE
MODERNE ALUMINIUMLEUCHTE

DECKENFLUTER DER ACHTZIGER JAHRE
DECKENFLUTER DER DREISSIGER JAHRE
OP-LEUCHTE
ITALIENISCHE HALOGENLEUCHTE
MATTSCHWARZE LEUCHTE
DER FÜNFZIGER JAHRE
KLASSISCHE NOGUCHI-LEUCHTE

WOHNEN

»Gut zu leben ist die schönste Form der Rache.«

GEORGE HERBERT,

Englischer Dichter und Kleriker, 1593

»Violet und Joe haben
ihre Einrichtung so gestaltet,
daß wohl niemand darin
die Regeln modernen
Innendesigns wiedererkennt,
aber sie entspricht den
Gewohnheiten des Körpers...
Alles ist genau da,
wo man es gerne hätte,
wo man es benutzen kann,
oder wo man es braucht.
Im Wohnzimmer stehen
also kein Eßtisch und Stühle
aus dem Beerdigungs-
institut, sondern große,
tiefe Sessel, ein Kartentisch
am Fenster, bedeckt mit
Jade, Drachenlilien
und Gummipflanzen, bis
sie Karten oder eine Partie
Rommé spielen wollen.«

TONI MORRISON,

Jazz

Haben Sie ein Eßzimmer, das Sie kaum benutzen? Ist Ihr Schlafzimmer ein privates Kino? Früher hatte jeder Raum eine bestimmte Funktion. Es gab ein Wohnzimmer, in dem sich die Familie versammelte, einen Salon, ein Frühstückszimmer und womöglich ein Rauchzimmer. Der Nutzbereich war davon strikt getrennt. Nach dem Zweiten Weltkrieg verschwammen diese Grenzen. Das neue Wohnzimmer hatte statt Wänden Zonen für den Eß- und den Unterhaltungsbereich. In den siebziger Jahren schließlich zogen die Abenteuerlustigen in die Obergeschosse ehemaliger Lagerhäuser, die funktional überhaupt nicht definiert waren. Heute geht es weniger darum, Wände einzureißen, als darum, die vielen verschiedenen Möglichkeiten individueller Raumgestaltung wahrzunehmen. Die Frage lautet: Wie lebe ich wirklich? Wenn das Schlafzimmer gleichzeitig als Arbeitszimmer dient, wenn die Küche der zentrale Treffpunkt ist – wehren Sie sich nicht dagegen. Nutzen Sie die Möglichkeiten, die das Design Ihnen bietet. Und schaffen Sie sich vor allem ein privates Refugium. Räume nicht allein flexibel, sondern multifunktional einzurichten erhöht die Lust, sich darin aufzuhalten.

»Es scheint paradox, daß das Schlafzimme
Hauses, gleichzeitig der an

Schlafraum. Das Schlafzimmer ist ein Heiligtum. Es ist der Ort, an dem wir schlafen und träumen. Trotzdem braucht es nicht ausschließlich passiver Tätigkeit vorbehalten zu bleiben. Viele Menschen arbeiten lieber im Bett als an einem Tisch. Wer sein Schlafzimmer auch als Arbeitszimmer nutzt, sollte überlegen, wie er eine flexible Beleuchtung installieren kann: am Tag helles und direktes und am besten natürliches Licht, für die Abende indirektes, weiches Licht. Es gibt auch

er bei weitem persönlichste Raum eines neisten vernachlässigte ist.« TERENCE CONRAN

Zeitgenossen, die das Schlafzimmer als Gesellschaftszimmer für Familie und Freunde nutzen. Neben dem Wohnzimmer ist das Schlafzimmer der Bereich, der am ehesten als »Medienraum« verwendet wird. Entsprechende Schränke für Fernseher oder Radio können sinnvoll sein. Ein Bett braucht nicht unbedingt ein ganzes Zimmer um sich herum. Wer es nur zum Schlafen nutzt, hat andere Möglichkeiten. Vielleicht reicht ein Wandbett, ein Bettsofa, ein Alkovenbett oder eine Schlafcouch.

Evelyn Waugh: »Wir teilten uns ein Zimmer, das früher ein Ankleidezimmer gewesen und vor zwanzig Jahren in ein Badezimmer umgewandelt worden war, indem man statt des Bettes eine tiefe, kupferne Badewanne in einem Rahmen aus Mahagoni eingebaut hatte; um das Wasser einlaufen zu lassen, legte man einen Messinghebel um, der schwer wie ein Schiffsmaschinenteil war. Der Rest des Zimmers blieb unverändert. Im Winter brannte dort immer ein Kohlenfeuer. Ich denke noch oft an dieses Bad – die vom Dampf getrübten Farben des Wassers, das große Handtuch, das zum Wärmen über die Rückenlehne des chintzbezogenen Sessels hing – und vergleiche es mit den gleichförmigen, nüchternen, chromglänzenden und verspiegelten kleinen Zellen, die der modernen Welt als Inbegriff des Luxus gelten.«

aus: *Brideshead Revisited*

Das Badezimmer. Kein Raum in unseren Häusern hat sein Aussehen in den letzten Jahren so sehr verändert wie das Zimmer, in dem wir baden. Das Bad, nicht mehr nur auf Hygiene ausgerichtet, wird immer geräumiger und genußorientierter. Da es meist am Rand der Wohnung liegt, ist das Bad ein idealer Rückzugsort. Es kann sogar als Wohnzimmer eingerichtet werden. Ob man nur einen Stuhl, ein Bücherregal und ein paar Pflanzen aufstellt oder radikalere Veränderungen vornimmt, hängt davon ab, wieviel Zeit man dort verbringt. Durch den Einbau eines Dachfensters oder, falls praktikabel, großer Fenster oder sogar einer Glastür, die auf einen privaten Innenhof hinausführt, entfernt man sich noch weiter von der Vorstellung des Bades als eines kleinen verhinderten Wasserklosetts. Und wenn das Bad ein Ort sein soll, an dem man ganz allgemein dem körperlichen Wohlergehen frönt, macht es durchaus Sinn, dort auch Fitneßgeräte aufzustellen. Was für jeden individuellen Grundriß gilt, gilt auch hier: Die Entscheidung, das Badezimmer in ein privates Refugium zu verwandeln, ist oft nur auf Kosten anderer Räume realisierbar. Sich seine Wünsche zu erfüllen und dafür Kompromisse in anderen Bereichen einzugehen ist der einzige Weg, einen persönlichen Wohnstil zu verwirklichen.

KAZUO ISHIGURO
JOSEPH BR
WALKMAN FM/AM
SONY

Die Küche ist der Raum mit dem vielseitigsten Charakter. Sie kann klein sein wie eine enge Kombüse oder so groß, daß sie der ganzen Familie Platz bietet. Immer öfter ist die Küche ein Ort der Geselligkeit. Viele Menschen assoziieren mit den Ritualen der Essenszubereitung Genuß und Üppigkeit. Diese genußfreudige Atmosphäre spiegelt sich am deutlichsten in der alten Bauernhausküche mit ihrem ausladenden, vierbeinigen Tisch wieder. Dabei fällt kaum ins Gewicht, ob man auf dem Land oder in der Stadt lebt. Es geht um den Kochraum als soziales Zentrum. Eine andere Möglichkeit ist die Kombination von Küche und Unterhaltung. Dazu wird die Küche mit Videorecorder, Fernsehapparat und CD-Spieler ausgestattet. Möbliert mit einem Sessel oder einem Sofa ist die Küche eine gemütliche Leseecke. Oder sie dient als Büro und Kommandozentrale, komplett mit Telefon, Fax und Adressenkartei. Es gibt auch Leute, die lieber auswärts essen. In diesem Fall mag eine kleine Küche, effizient eingerichtet wie eine Schiffskombüse, die beste Lösung sein. Ein Kühlschrank unter der Arbeitsplatte, ein Herd (ohne Ofen) und ein eingebautes Mikrowellengerät sind die Minimalausstattung einer solchen Kompaktküche.

DIE EVOLUTION DER ARBEITSPLATTE »Beim Nachdenken über die Küche stellte ich fest, daß es an der Zeit war, die Arbeitsplatte bezüglich Höhe und Material neu anzugehen. Erstens sollte es einen Herd mit einer Fläche aus rostfreiem Stahl oder Granit geben, der Säuren und heiße Pfannen nichts anhaben können; zweitens zwei Platten in verschiedener Höhe für Essenszubereitung und Schneidearbeiten, bestehend aus gehärtetem oder laminiertem Holz. Um die Spüle verläuft ein geneigter Rahmen aus wasserabweisendem Teak oder rostfreiem Edelstahl. Das Spülbecken sollte möglichst hoch installiert werden, damit das Hantieren im Becken gut von der Hand geht. Der Schneideblock liegt rund fünf Zentimeter tiefer. Schließlich könnte es sich lohnen, zusätzlich eine 15 Zentimeter tiefer gesetzte Arbeitsfläche anzubringen, die auch als Küchenarbeitsplatz für Kinder dienen kann.«

JOHNNY GRAY, *Küchendesigner*

»Die Schönheit eines Löffels ist atemberaubend.«

ANDRÉE PUTMAN

Das Eßzimmer. Ein Opfer zeitgenössischer Sitten, in denen Informalität vor Etikette kommt, ist das Eßzimmer heute oft leer – eine Erinnerung an die Zeiten, in denen es in der Familie noch um einiges förmlicher zuging. Nur wenige Menschen können sich ein solches stummes Denkmal heute noch leisten. Das Eßzimmer muß unbedingt neu erfunden werden. Der in der Raummitte stehende Tisch weist den Weg zu einem aktiveren Leben. Massiv, robust und ausladend, kann er für sehr viel mehr als nur für die Nahrungsaufnahme benutzt werden. Hier gibt es Platz in Hülle und Fülle für die Hausarbeit, hier kann die Post geöffnet und können die monatlich einlaufenden Rechnungen erledigt

»Das Eßzimmer wird bald ausgestorben sein. Es wir
Art Studio, in dem ich zeichne, arbeite, esse und mich
Er hat sogar eine Schubla

werden. An einem Ende stapeln sich vielleicht ein paar Bücher, die man unbedingt lesen möchte, am anderen stehen einige üppig wuchernde Pflanzen, und dazwischen ist trotzdem noch genügend Platz für ein paar Gedecke. Wie wäre es mit einem Radio, um eine allein eingenommene Mahlzeit unterhaltsamer zu gestalten? Ist der Eßtisch erst in dauerndem Gebrauch, wird der Raum schnell zu einem Magneten, der die Menschen geradezu anzieht. Ein mit Objekten belebter Tisch lädt den zufällig Vorbeikommenden ein, bietet ihm einen Anreiz, sich zu setzen und zu reden oder auch nur in einem Buch zu schmökern. Was natürlich nicht ausschließt, daß man auch immer wieder gerne Gäste zum Essen an diesen Tisch einlädt.

uwenig genutzt. Meines ist schon lange mehr eine nterhalte. Mein Eßtisch ist mehr eine Art Schreibtisch. für Stifte und Servietten.« GEOFFREY BEENE

DETAILS

INDIVIDUALITÄT

Abgesehen vom Streichen eines Zimmers ist die Auswahl der kleineren Details vielleicht die schnellste und wirkungsvollste Methode, einen Raum mit einer eigenen, unverwechselbaren persönlichen Note auszustatten.

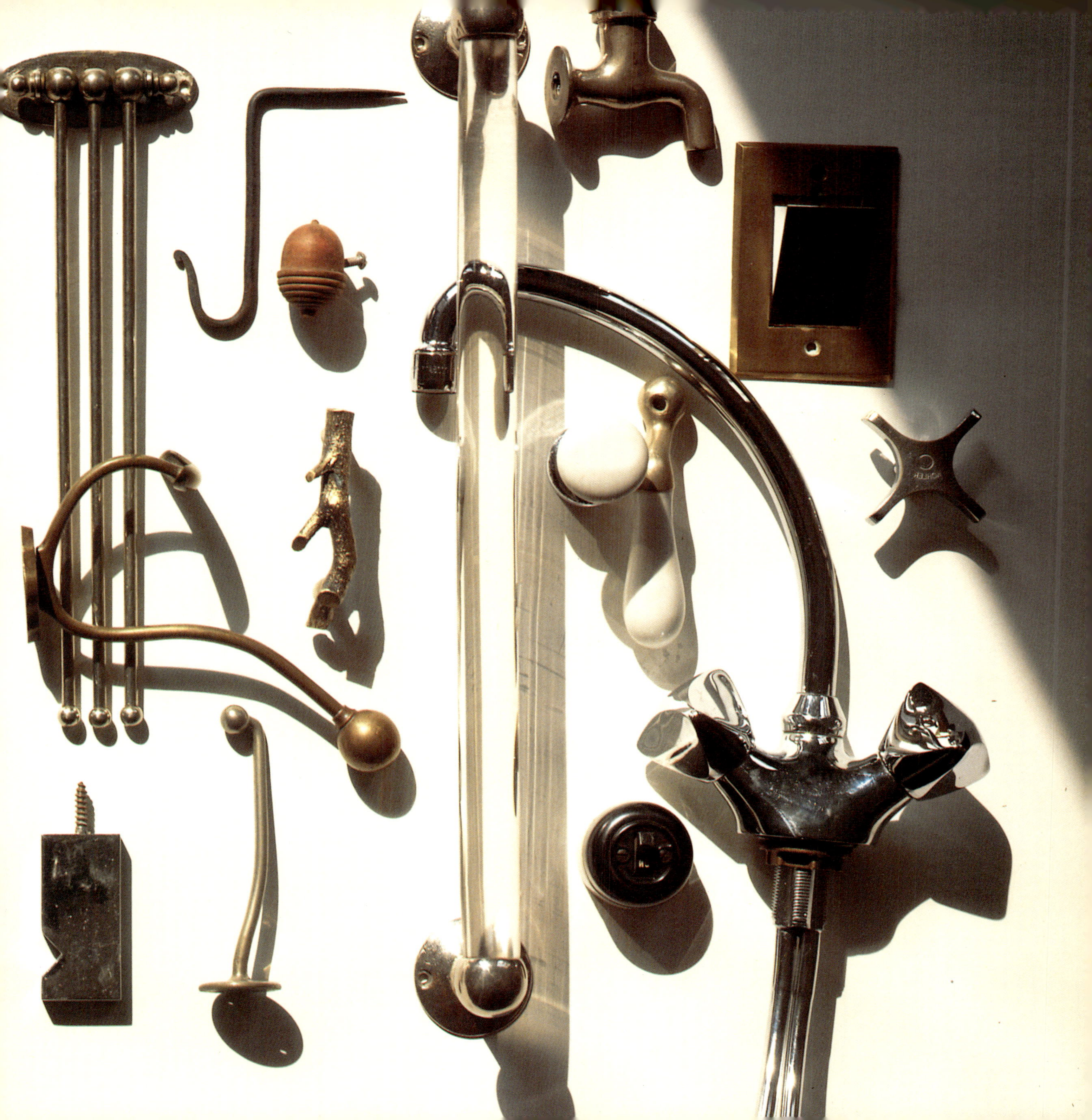

WORTE DER WEISHEIT

Andrée Putman erkennt Stil intuitiv mit einem Blick. Ihre internationale Reputation als charmanteste Trendsetterin des Design ist unbestritten. Die gebürtige Pariserin kam, die Tradition solch großer Innenraumdesigner wie Elsie de Wolfe und Syrie Maugham fortsetzend, nie in den Genuß einer professionellen Ausbildung, sondern entwickelte ihr Können in über zwanzigjähriger Designarbeit »nur für Freunde«. Frühe Arbeiten für französische Magazine und im Marketingbereich stellten ihr »Auge« und ihren Geschäftssinn eindrücklich unter Beweis. Ihre Detailbesessenheit ist legendär. Für den Designer, sagt Putman, ist nichts unwichtig. Sie hat alles entworfen, vom Geschirr bis zur Innenausstattung von Autos, von Bleistiften bis zu Hotels. 1978 gründete sie Ecart International, um vergessene Klassiker des frühen modernen Design wie Eileen Gray (siehe den Teppich rechts), Robert Mallet-Stevens, Mariano Fortuny und andere wieder bekannt zu machen. Darüber hinaus hat Putman Boutiquen für die Großen der Modewelt und die Büroräume des dynamischen französischen Kultusministers Jack Lang eingerichtet. In den USA hat sie mit der Innenausstattung von Morgans in New York City einen neuen Maßstab für einen gepflegt eleganten und minimalistischen Luxus im Hotelbereich gesetzt. Putmans Markenzeichen sind unverkennbar: monochrome Farbgebung, auffällige Gegensätze, skulpturales Mobiliar und Heiterkeit. Sie hat eine kostbare Schweizer Uhr auf einem Pferdehaarkissen ausgestellt und ein mehrschichtiges Moskitonetz für Fensterblenden verwendet. Der Designkritiker Martin Filler hat über Andrée Putman gesagt, sie sei »eine Minimalistin, die nie die Sinne verneint«.

PRÄGENDE VORBILDER

ein Löffel
Holzschüsseln
Apothekerflaschen
Thonet-Stühle

»Stil heißt, Schönheit in ei

AUSGEWÄHLTE ARBEITEN

Morgans Hotel (1984), New York; Palladium Night Club, gemeinsam mit Arata Isozaki (1984), New York; Umbau des Museums für zeitgenössische Kunst (1984), Bordeaux, Frankreich; Büroräume für Jack Lang, Kultusminister (1985), Paris; Saint James Club Hotel (1987), Paris.

ANDRÉE PUTMAN ÜBER

STILECHTHEIT

»Wer kein Gefühl für jenes geheime Wissen hat, daß einfache Dinge sehr viel schöner sein können als etwas Kostbares, wird nie Stil besitzen.«

KOMFORT

»Natürlich habe ich gern sieben Kissen im Rücken, aber körperliches Wohlergehen ist nicht das Wichtigste. Ich ziehe geistiges Wohlergehen vor; damit meine ich Raum, Licht (natürliches und künstliches), kontrastierende Materialien und klare Linien. Ich suche nie nach direktem Komfort, sondern nach etwas, das es meinem Geist erlaubt, sich zu entspannen.«

FARBEN

»Ich liebe Farben, wenn sie nicht im Übermaß vorhanden sind. Das Leben hat seine eigenen Farben: die Freunde, Blumen, Dinge. Man braucht also für die Innenausstattung nicht soviel davon.«

achen Dingen entdecken.«

Details haben mit emotionaler Wärme und sinnlichem Reichtum zu tun. Ein Raum kann vollständig möbliert sein, aber ohne die richtigen Details wird er nie wirklich fertig aussehen. Genauso kann ein scheinbar leeres Zimmer sich beim zweiten Hinsehen als überaus luxuriös herausstellen, wenn die einzelnen Elemente des Raumes schön gearbeitet sind. Details können strukturell, historisch, massiv oder minimalistisch sein. Sie können Teil eines umfassenden Design sein oder eine rein persönliche Geste. Mit Zier- und Fußleisten kann man die verschiedenartigen Elemente in einem Raum, der mehrere Zonen hat, zusammenfassen oder sogar Ungleichmäßigkeiten des Raumes verdecken. Interessante Einzelteile – ein kristallener Drehgriff an einer Tür, ein verzierter Schrankknopf – können einer langweiligen Tür oder einer unauffälligen Kommode aus dem Kaufhaus ein maßgeschreinertes Aussehen verleihen. Solche Details geben einem Raum den Charakter, nach dem sich Menschen sehnen, die nicht mehr in kahlen Schachteln leben wollen. Die jüngst um sich greifende Neigung, architektonische Versatzstücke im Innendekor einzusetzen, beweist das eindrücklich. Ob Details nun auf eine bestimmte Epoche verweisen oder rein persönliche Vorlieben zum Ausdruck bringen, sie schaffen Stil.

Wer Vorhänge nicht mag, verwende einen anderen Rahmen. Wenn schmucklose Fenster kahl aussehen, kann man versuchen, sie mit Zierleisten einzufassen und zu akzentuieren.

Stoffe verleihen Innenräumen einen Hauch von modischer Vielseitigkeit. Sie können leicht ausgetauscht werden, je nach Saison oder Stimmung. Man kann Stoff in einem Raum auf zweierlei Weise einsetzen: als Teil des Raums in Form von Bodenbelägen, Vorhängen und Wandteppichen oder aber durch Polstermöbel oder mit einem abnehmbaren Überzug versehene Möbel. Gemusterte Textilien eignen sich ganz hervorragend zur Akzentuierung, denn sie können einen Raum, der architektonisch uninteressant ist, beleben. In kräftigen Farben bezogene Kissen leuchten wie Juwelen auf einem dunkel gehaltenen Stuhl. Schon die Burgbewohner des Mittelalters hatten erkannt, wie wirksam dicke Stoffe Stimmen dämpfen und Zugluft unterbinden. Sie entwickelten die Kunst der Gobelin-Weberei. Textilien in leuchtenden Farben lassen einen dunklen Raum deutlich heller wirken. Nicht vergessen sollte man auch, daß der Reiz, den ein mit Stoffen und Textilien ausgestatteter Raum auf den Tastsinn ausübt, eine sinnliche Reaktion auslöst, die weit über den Bereich des Visuellen hinausgeht.

DAS ÜBERZIEHEN EINES ABNEHMBAREN BEZUGS

»Zuerst einmal gibt es drei verschiedene Teile mit Reißverschlüssen: Hauptteil, Lehne und Sitz. Man zieht die Bezüge feucht über, nie ganz trocken. Ich mag Bezüge, die nicht ganz straff sitzen, aber Überzüge im Trockner zu trocken hinterläßt zu viele Falten. Man zieht den Bezug über Hauptteil und Arme, bis er paßgerecht sitzt. Man achte darauf, daß etwas Stoff zum Unterschieben übersteht – das sieht besser aus und verhindert, daß der Stoff verrutscht. Dann versetzt man jedem Polster noch ein paar Schläge. Das müßte genügen.«

RACHEL ASHWELL,

Gründerin von Shabby Chic

Bestimmte Objekte reflektieren unser Bedürfnis nach einer vertrauten Umgebung. Wenn wir uns mit Dingen umgeben, die wir gern haben, reagieren wir auf sehr viel mehr als das Diktat von Struktur und Design. Um uns wohl zu fühlen, brauchen wir das Gefühl für den Raum. Ob einfach oder überladen, ein Raum ist nur dann unser Raum, wenn er von unseren Dingen bewohnt wird. In einem Hotelzimmer fühlen wir uns erst heimisch, wenn wenigstens der halbe (oder ganze) Inhalt des Koffers im Raum verteilt ist. Die sogenannte »Funktion« von Objekten besteht oft vor allem darin, ein Bild des eigenen Selbst zu entwerfen, Erinnerungen zu bewahren oder eine Geschichte zu erzählen. Die kleinen Dinge, die wir zu Hause zusammentragen, brauchen nicht ausgefallen zu sein, solange sie geistreich und charaktervoll sind. Originelle Sammler verlassen sich bei der Auswahl eines Kunstwerks oft mehr auf ihren Instinkt als auf die genaue Herkunft des Gegenstands. Und in jedem, der sorgfältig dekorative Gegenstände auswählt, steckt etwas von einem Sammler. Gegenstände drücken nicht nur Geschmack aus, sondern auch Witz und Sensibilität, sie haben eine Geschichte und evozieren Erinnerungen. Die Gegenstände eines Raumes spiegeln die Seele seines Bewohners wider.

Das Geheimnis der guten Präsentation liegt darin, ins Extrem zu gehen. Werden ganz verschiedene Objekte auf einem Tisch oder Regal plaziert, gehen sie leicht unter. Man sollte versuchen, Objekte einer Farbe oder aus einem Material zu kombinieren. Oder man stellt ein Einzelstück mit einer interessanten Form ganz allein aus.

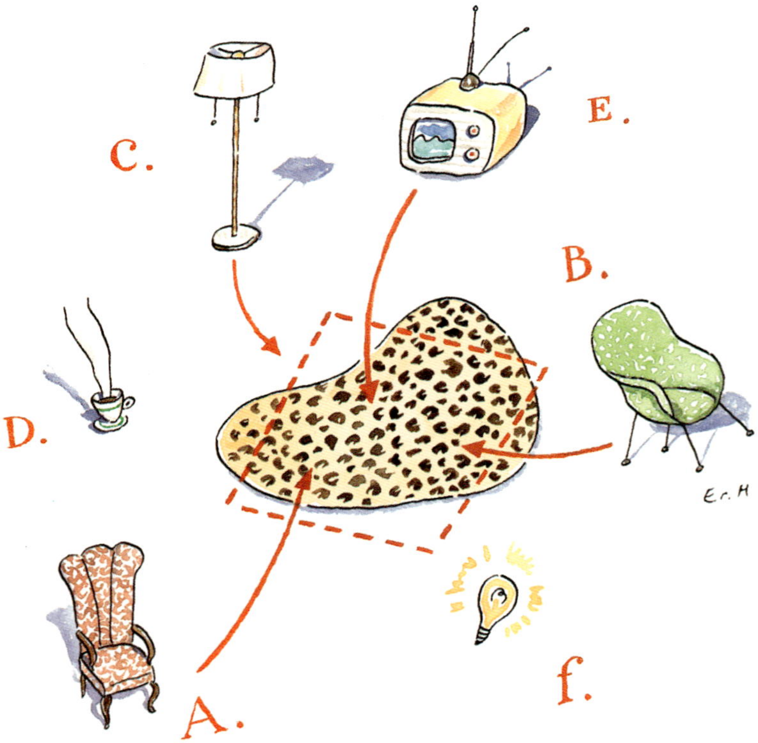
C.
E.
B.
D.
A.
f.
Er. H

KOMBINATION

»Ich habe kein Rezept für die Kombination von Objekten. Man muß sich selbst treu bleiben. Wenn man das tut, hat man Erfolg, so seltsam das klingt.«

ANDRÉE PUTMAN

Die Leute überlegen immer nur, was wozu passen könnte, ohne je zu erkennen, daß der einfachste Weg zu gutem Design ist, sich selbst eine Freude zu machen. Die Wahrheit ist, daß wir beim Versuch, einen Raum zu gestalten, allzuoft dem Diktat der Mode und nicht unseren eigenen Vorstellungen folgen. Wer einen Raum einrichtet, sollte sich deshalb zuerst einige grundlegende Prinzipien der Komposition vergegenwärtigen. Dann sollte man dem eigenen Instinkt folgen und die Stücke zusammenstellen, die am besten zur jeweiligen Nutzungsabsicht passen. Wichtig ist zunächst das Gleichgewicht. Niemals darf ein »Wert« die anderen erdrücken. Egal ob dieser Wert eine Farbe ist, eine Form oder ein Muster, spielen Sie die Werte gegeneinander aus. Fügen Sie zu etwas Dunklem einen Lichtstrahl hinzu, zu etwas Massivem etwas Skulpturales, zu etwas Ernstem etwas Witziges. Folgen Sie Ihrem Geschmack, wenn Sie dem Raum einen durchgängigen Charakter geben wollen. Was Ihnen gefällt, paßt wahrscheinlich auch zu den Gegenständen, die Sie bereits ausgewählt haben. Das und nicht die Suche nach etwas Passendem ist das eigentliche Geheimnis des Kombinierens.

HIGH-TECH UND TRADITION.

DAS GRÖSSTE MÖBELSTÜCK IN EINEM RAUM BESTIMMT NICHT NUR DEN TON, SONDERN IST AUCH EIN BEZUGSPUNKT.

Hier ist es ein Ruhebett aus den dreißiger Jahren mit einigen Elementen, wie sie für den Art déco typisch sind – die klaren, einfachen Linien und das exotische Holzfurnier (Mahagoni aus Madagaskar). Von der Form her gesehen, ist dieses Möbelstück ausgesprochen traditionell. Neben dem voluminösen Bett steht in klarem Kontrast dazu ein eiserner Gartentisch auf dünnen Beinen. Eine zeitgenössische Tizio-Lampe – ein Markenzeichen des High-Tech-Design in seiner besten Ausprägung wie kein anderes – liefert mit ihrer Winkelform einen Kontrast zu den geschwungenen Formen von Bett und Paravent und zeigt, daß High-Tech und Tradition auf unerwartete Weise zusammenwirken können. Unterschwellig dominiert eine Fülle von Materialien wie der braune Rost des Tisches, die satte Politur des Bettes und der austernfarbene seidige Damast des Wandschirms mit seinen gußeisernen Nägeln. Die Musterung des Paravents und des abgetretenen Dhurrie-Teppichs verhindern, daß ein allzu monochromer Gesamteindruck entsteht.

EMPIRE UND VIKTORIANISCH.

IN EINER PASSENDEN UMGEBUNG IST EXZENTRIZITÄT IMMER WILLKOMMEN, UND NICHTS IST »VERSPONNENER« als dieser viktorianische »gotische« Holzstuhl. Auffällig sind die weiß lackierten verdrehten Wirbel, die kleinen Rosetten und die spitz zulaufende Rückenlehne. Ein solcher Blickfang braucht einen ruhigen Hintergrund. Die großflächige Leinwand schafft Ruhe, ohne selbst nur Hintergrund zu sein. Dieser Wandschirm ist übrigens ein schönes Beispiel für kreative Wiederverwendung. Mit einer Wäscheleine wurde in einen alten Kleiderständer Leinwand aus dem Kaufhaus gespannt. Das Ensemble mit einem auffällig gemusterten Teppich zu komplettieren verlangt Mut, funktioniert aber. Warum? Weil das Muster geometrisch ist, nicht geschwungen, und großflächig, nicht klein. Wie immer gilt: Gegensätze ziehen sich an. Doch innerhalb des Kontrasts gibt es Gemeinsamkeiten. Die Farbe des Stuhlkissens klingt in den roten Streifen des Teppichs an. Der Goldrahmen des amerikanischen Empire-Spiegels nimmt die Form der Leinwand verkleinert und in reicheren Goldtönen wieder auf. Ein schlichtes Beistelltischchen – kein bestimmter Stil, kein bestimmtes Alter – rundet das Bild ab.

FÜNFZIGER UND MISSIONSSTIL.

DIESES RAUMDESIGN WIRKT, OBWOHL FAST NUR OBJEKTE VERGANGENER STILE (ECHTE UND IMITIERTE) VERWENDET wurden, keineswegs überholt. Die Wirkung beruht auf den Gegensätzen. Wahrscheinlich würde jeder dieser Gegenstände unter lauter Gegenständen derselben Zeit altertümlich aussehen. In der Kombination jedoch präsentiert sich der Raum sehr zeitgenössisch. Der Schreibtisch aus den Fünfzigern ruht auf äußerst schlanken Stahlfüßen. Ein zusätzlicher Clou ist die schwarz lackierte Oberfläche. Die Stehlampe von Noguchi und der imitierte Biedermeierstuhl (aus lackiertem Stahlblech) passen mit ihren dicken und dünnen Dimensionen gut zusammen. Mit ihrem betonten Kontrast zwischen überdimensioniertem Lampenschirm und schlankem Ständer überschreitet die Lampe die Grenze zwischen Möbel und Skulptur. Der um die Jahrhundertwende von Harvey Ellis entworfene Arts-and-Crafts-Eichenstuhl hat zwar mehr Gewicht als die anderen Objekte, doch mit seiner linearen Form und dem regelmäßigen Ton der Eiche ist er eine ideale Ergänzung zum Schreibtisch. Ein Fußboden in Schwarz oder Weiß hätte den Raum möglicherweise allzu glatt erscheinen lassen; doch die graphische Wirkung des Zickzackmusters auf dem Teppich der fünfziger Jahre schließt alles zusammen.

PRIMITIV UND ART DÉCO.

KOMBINIEREN HEISST MEHR ALS LEDIGLICH STILE VERBINDEN. RÄUME SOLLEN AUCH EINE VIELFALT VON Erfahrungen zum Ausdruck bringen. Der große Lehnsessel aus Leder, 1988 von Dakota Jackson entworfen, strahlt Eleganz und zugleich Behaglichkeit aus. Elegante Linie, Geschmeidigkeit und Tiefe erinnern an Art déco. Zur wuchtigen Masse des Sessels paßt nur ein niedriger, unprätentiöser Tisch. Es ist immer gut, verschiedene Größen so gegeneinander zu setzen, daß kein Format den Raum beherrscht. Erkennt man die ähnlichen Proportionen der Armlehnen des Sessels und der Beine des Tischchens, erscheint die Umfunktionierung eines afrikanischen Waschbretts zum Couchtisch gar nicht mehr so abwegig. Wandschirm und Teppich wirken aufgrund ihrer Ähnlichkeiten und ihrer Unterschiede. Gemeinsam ist ihnen die erdige, schwarzbraune Farbpalette und die regelmäßige Musterung. Dabei sind die Teppichmuster kleinformatig und geometrisch, während die geheimnisvollen Kreise auf dem Wandschirm in kräftigen Strichen auf eine Leinwand aufgetragen wurden, die wie genarbtes Leder wirkt. Der Reichtum der kombinierten Objekte verführt Auge und Tastsinn.

SOLIDE UND WITZIG.

WENN JEMAND VON SCHÖNER LINIENFÜHRUNG SPRICHT, SO MEINT ER IN DER REGEL JENE klassische Strenge, wie sie in der ausgeprägten unteren Gesichtshälfte eines Models oder in den Säulen eines antiken griechischen Tempels zu erkennen ist. In einem Zimmer jedoch gehört zur Linienführung eine ausgewogene Mischung von Kurven und Geraden, von Sinnlichkeit und Sachlichkeit. In diesem Ensemble fügt die geschwungene Schrift auf dem Teppich von Christine Vanderhurd dem Gesamtbild auf witzige Weise einige gute Linien hinzu. Der aus einem dunklen Metall gefertigte Tisch mit seinen geraden Beinen bringt recht unaufdringlich eine zeitgenössische Note ins Spiel. Die Verspieltheit des Teppichs wird vom gezackten Saum des Stuhlbezuges aufgenommen. Die vierschichtige Kupferlampe auf dem Tisch ist ein ungewöhnliches Beispiel des amerikanischen Art-and-Crafts-Stils. Der Hocker mit seinen gespreizten Beinen hat eine bekannte amerikanische Windsor-Form, die in diesem vermischten Ambiente plötzlich aufregend erscheint. Und genau darum geht es.

E.H

DAS INTELLIGENTE HAUS

»Sie gingen den Flur ihres schalldicht isolierten Hauses zum Glücklichen Leben entlang, dessen Einrichtung sie dreißigtausend Dollar gekostet hatte; jenes Haus, das sie kleidete, ernährte und in den Schlaf wiegte und das spielte und sang und gut zu ihnen war. Ihre Ankunft aktivierte irgendwo einen Schalter, und das Licht im Kinderzimmer ging an, als sie wenige Meter davorstanden.«

RAY BRADBURY, *The Veldt, 1950*

Als ich vor über vierzig Jahren »The Veldt« und »Ther Will Come Soft Rains« schrieb, steckte die dort verwendete Technologie noch in den Kinderschuhen, und die von mir beschriebenen intelligenten Häuser hätten ein Vermögen gekostet. Heute kann man sich etwas ganz Ähnliches für 20 000 Dollar nachbauen. Die Phantasien von gestern sind zur erschwinglichen Realität von heute geworden. Die Leute mögen weiter von den negativen Auswirkungen der Technik reden, aber wir können uns heute die Produktionen sämtlicher Filmstudios von Hollywood, die Konzerte der besten Konzertsäle der Welt und das ungeheure Wissen der größten Bibliotheken, den ganzen Reichtum von der Antike bis zur Moderne, per Knopfdruck in unsere Wohnung holen. **RAY BRADBURY**

Technologien für den Haushalt und den privaten Bereich gehören zu den am schnellsten wachsenden Marktsegmenten der Elektronikindustrie. Schon heute erscheint das »Haus von morgen« wie ein Relikt von vorgestern. Vor noch gar nicht langer Zeit hielt man eine Kaffeemaschine mit Startautomatik für etwas Futuristisches; heute gibt es Häuser, die sprechen können. Das sogenannte »intelligente Haus«, das jeden Raum anweisen kann, je nach Licht eine bestimmte Musik zu spielen, das den Handwerker ruft, wenn etwas nicht funktioniert, und ein genau 37 Grad heißes Bad einlaufen läßt, kurz bevor man nach Hause kommt, wird schon bald Wirklichkeit werden. Wer sein eigenes »intelligentes Haus« plant, sollte berücksichtigen, daß Integration und Digitalisierung der Haushaltstechnologien zunehmen werden. Nur wer voraussieht, was in zehn Jahren möglicherweise auf uns zukommt, kann die heute bereits vorhandenen Technologien auch wirklich sinnvoll einsetzen.

DAS INTELLI-

DER SCHLÜSSEL ZUM TOTALEN HAUS IST DIE VERNETZUNG DER HAUSHALTSGERÄTE, DER STROMQUELLEN, DER COMPUTER, DES Telefons, der Heizung, der Klimaanlage, der Audio-Video-Anlage und der Außenwelt. Konventionelle Verkabelung kann unter anderem durch Kabelbündel, niederfrequente Radiowellen und Infrarotsignale ersetzt werden. Mit Hilfe eines solchen Kommunikationsnetzwerks kann man eine Lichtquelle jedem beliebigen Schalter zuweisen und Temperatur, Beleuchtung und Musik eines Raumes auf den jeweiligen Geschmack oder die jeweilige Stimmung einstellen. Elektrische Einrichtungen, die darauf programmiert sind, mit Nachtstrom zu arbeiten, sparen deutlich Energie und Kosten. Die Klimaanlage der Zukunft bedient sich energiesparender Geräte (eingebauter Luftbefeuchter, Luftreiniger, energierückführender Ventilatoren), die die Luft im Haus wieder aufbereiten. Mit Wärme arbeitende Haushaltsgeräte wie Geschirrspüler und Wäschetrockner verwenden bereits heute Mikrowellen, die ohne Umwege und Energieverluste arbeiten. »Intelligente« Fenster reflektieren oder absorbieren Licht und Wärme in Abhängigkeit von der Temperatur. Sie können auf

GENTE HAUS

Befehl sogar undurchsichtig werden. Was Sicherheitsmaßnahmen angeht, spielen vernetzte Kommunikationssysteme eine immer größere Rolle. Das automatische Anwählen bestimmter Telefonnummern (von der Polizeiwache bis zu den Eltern) gehört heute schon zur Standardausrüstung. Bald wird es stimm- und bewegungsgesteuerte Videomonitore geben, mit deren Hilfe man Bilder auf jeden Bildschirm im Haus holen kann. Türen und Fenster werden in naher Zukunft mit ferngesteuerten Schlössern ausgerüstet werden, wie sie ähnlich bereits bei Autos üblich sind. Die Vernetzung aller Stromquellen eines Hauses ermöglicht die Einrichtung von Freischaltungen, die nur dann Strom über eine Steckdose abgeben, wenn tatsächlich Strom verbraucht wird. Die Installation einer das ganze Haus vernetzenden elektrischen Anlage ist Sache von Fachleuten. Den Hausbesitzer interessiert vor allem, daß das »intelligente Haus« einfach zu bedienen ist. Hier gelten universelle Fernbedienungen mit eingebauten Mikroprozessoren (eine Art kleiner PCs) als beste Lösung. Sie sollen genauso leicht (oder schwer) handhabbar sein wie die heutige Fernbedienung für den Fernseher. Darüber hinaus werden stimmaktivierte Technologien erlauben, Anweisungen in gesprochener Sprache zu geben; dabei muß der Benutzer dann überhaupt keine Tasten mehr drücken. »Diagnostische Chips« werden im »intelligenten Haus« in allen Haushaltsgeräten integriert sein; sie können Reparaturdienste anrufen, die eventuelle Schäden am Telefon analysieren und teilweise sogar beheben können. Solche Technologien könnten schon heute in jedes neue Haus eingebaut werden. Doch muß zuerst noch die Frage, wie die Systeme standardisiert und wie bereits vorhandene Häuser nachträglich damit ausgestattet werden können, beantwortet werden, bevor das »intelligente Haus« wirklich zu unserem Haus werden kann.

BEGRIFFE

Begriffe, die man im Haushalt der Zukunft kennen muß:

HOCHAUFLÖSENDES FERNSEHEN (HDTV)
bietet Bildqualität wie im Kino, digitalen Ton und Breitwandbild. Bevor dieses Fernsehen den Konsumenten erreicht, müssen jedoch verbindliche Standards eingeführt werden.

MICROCHIPS
Ungefähr so groß wie ein Markstück, aber in der Lage, ein ganzes Haus zu steuern, ist der Mikrochip der »Motor« der elektronischen Einrichtungen. Prozessorchips revolutionieren bereits heute die Vernetzung und Koordinierung von Haushaltsgeräten.

DAS BÜRO IM HAUS.

ZUHAUSE ZU ARBEITEN IST NICHT MEHR NUR SACHE VON KINDERN. ÜBER 30 MILLIONEN Amerikaner arbeiten heute in ihren eigenen vier Wänden. Diese Zahl deutet auf eine massive Verlagerung aller Arten von Tätigkeiten aus dem traditionellen Büro in eine häusliche Umgebung, die zwar flexibler, oft aber auch räumlich beengter ist. Die meisten Menschen können sich den Luxus eines Arbeitszimmers, das vollständig vom Rest des Hauses abgetrennt ist, nicht leisten. Das Büro zu Hause ist oft nicht mehr als eine provisorische Nische irgendwo zwischen Gästezimmer, Flur, Kinderzimmer und Garage. Trotzdem muß es professionell eingerichtet sein. Es muß über sehr effiziente Technologien verfügen, damit die in einem herkömmlichen Büro von eigenen Mitarbeitern erledigten Aufgaben durchgeführt werden können. Die meisten Hersteller haben auf diese Trends schnell reagiert und kleinere Computer, Drucker, Kopierer und Faxgeräte für den Heimgebrauch entwickelt. Die wichtigste Frage bei der Anschaffung solcher Geräte ist die nach der Nutzungsintensität. Die meisten Geräte für den Heimgebrauch haben nicht dieselbe Leistungskraft wie größere Geräte.

PERSONAL DIGITAL ASSISTANT (PDA)
Der PDA eröffnet dem PC neue Welten. Er kann faxen, Botschaften empfangen und senden und einem sogar erklären, wie man den Louvre findet, wenn man sich in Paris verirrt hat.

DOLBY SURROUND SOUND
Dabei handelt es sich um eine Codierungstechnologie, die es Audio-Systemen erlaubt, mit digitaler Tonqualität zu arbeiten und mit Hilfe von vier Lautsprechern einen umfassenden räumlichen Klang zu erzeugen.

LASERDISC
Die (bisher) neueste Entwicklung im Heimkinobereich. Auf Laserdiscs können sowohl Bild- als auch Toninformationen gespeichert und vom Laserdisc-Spieler mit einem gespiegelten Laserstrahl abgelesen werden.

Das Büro zu Hause sollte mit Telefon, Fax, PC und Drucker und mit sinnvoll ausgewähltem Mobiliar ausgestattet sein. Ein ausgemusterter Eßzimmerstuhl kann nicht mehr als ein Provisorium sein – spezielle Büromöbel dagegen erhalten die Gesundheit und fördern die Produktivität. Das Geschäft mit Heimbüros blüht; amerikanische Telefongesellschaften bieten ständig neue Dienstleistungen an, von der Möglichkeit, mit der Stimme zu wählen, bis zu bestimmten Klingelzeichen, die es einem ermöglichen, den Anruf der Mutter von dem des Auftraggebers zu unterscheiden. Videophone sind schon auf dem Markt, auch wenn sie, was die Lesbarkeit des Bildes angeht, doch noch sehr zu wünschen übriglassen. Bei der Verwendung von Modems und Kopierern steigt der Platzbedarf entsprechend. Einbauschränke, Ablagen und Wandschränke bieten zusätzlichen Stauraum. Wandschränke sollten tief genug sein, um Aktenschränke aufzunehmen. Die neuen PC-Technologien werden verstärkt auf spezifische und interaktive Anwendungen ausgerichtet sein. Interaktive PCs, die dem Benutzer erlauben, direkt auf dem Bildschirm zu schreiben, oder gesprochene Sprache verstehen, sind die neuesten Entwicklungen, werden aber bald zur Standardausrüstung gehören.

UNTERHALTUNG ZU HAUSE.

IN KEINEM ANDEREN BEREICH DES LEBENS ZU HAUSE SIND WIR EXPERIMENTIER- UND AUSGABEFREUDIGER ALS IM UNTERHALTUNGSBEREICH.

Die Forderung nach immer besseren Video- und Audiosystemen treibt die Technologie unaufhaltsam voran. Für den Privatanwender sind kompaktere und einfachere Anlagen, die das gesamte Haus bedienen können, das Ziel. Der erste Schritt dazu sind Telecomputer, die in sich PCs und hochauflösende Bildschirme vereinigen und die Audio-, Video-, Text- und graphische Informationen simultan zur Verfügung stellen. Während der Telecomputer unter dem Vorzeichen der Interaktion antritt, markiert die CD-ROM (Compact Disc-Read Only Memory) den Anfang eines umfassenden Netzwerkes von Programmen, die eine Revolution im Bildungsbereich auslösen werden. Mit CD-ROM kann man beispielsweise nicht nur Informationen über das Leben und die Zeit Beethovens aufrufen, sondern ebenso auch Proben seiner Werke hören und sie mit Kompositionen aus beliebigen anderen Zeiten vergleichen. Auch auf Ausstattung und Dekor unserer Häuser werden die elektronischen Medien Einfluß haben, wenn etwa überall im Haus digital gespeicherte Kunstwerke auf superflachen Bildschirmen erscheinen. Virtuelle Realität, ursprünglich in der Science-fiction beheimatet, ist bereits heute eine Hilfe für den künftigen Hausbauer, der den Grundriß seines Hauses »ablaufen« will, ehe er das Haus baut. Mit Hilfe eines an einen Computer angeschlossenen Sichtgeräts und von »Datenhandschuhen« versucht virtuelle Realität die Empfindungen aller aufzeichenbaren Erfahrungen zu duplizieren. Wird virtuelle Realität erst einmal von der Unterhaltungsindustrie vereinnahmt, dann wird es nicht mehr lange dauern, bis sie ihren Einzug auch in unsere Häuser hält. Wie bei allen neuen Technologien gilt auch hier, daß einige Anwendungen weiterentwickelt und Teil unserer Lebenswelt werden, während andere sich als Sackgassen erweisen. Die meisten der für das »intelligente Haus« geeigneten Technologien müssen aufrüstbar sein. Für die häusliche Unterhaltungselektronik gilt oft das Gegenteil; daß sie rasch veraltet, ist in der Regel Teil der Marketingstrategie. Die beste Orientierung ist es, sich an das zu halten, was den eigenen Bedürfnissen entspricht.

UNIVERSELLE FERNBEDIENUNG
integriert alle Fernbedienungen in einem Gehäuse und wird das wohl verbreitetste elektronische Spielzeug der Zukunft sein. Da sie mit Radio- oder Infrarotstrahlen arbeitet, braucht man nicht mehr zu »zielen«.

COMPACT DISC-READ ONLY MEMORY (CD-ROM)
Ein Informationsträger, der Ton, Fotografien, Filme und Text speichern kann. Erst kürzlich hat Kodak eine Foto-CD herausgebracht, auf der man Bilder speichern und auf Fernseh- oder Computerbildschirmen betrachten kann.

MULTIMEDIA
Hier geht es nicht um ein Marketing-Zauberwort, sondern um verschiedene Wege, auf Informationen – also Bilder, Texte, Fotografien und Filme – zuzugreifen und zu kombinieren.

Teenager
PAPA
Mama
Baby
Oma

GENERATIONEN

Der Begriff der Familie wird immer umfassender verwendet und reicht, bereichernd für jedermann, über die unmittelbare Verwandtschaft hinaus. Die erweiterte Familie eröffnet ungeahnte neue Lernmöglichkeiten und verschafft den Werten des gemeinschaftlichen Lebens wieder mehr Geltung. Dieses Kapitel handelt vom Design in seiner Funktion für die verschiedenen Altersgruppen, vom Säugling über den Teenager bis zum älteren Menschen. Jede Altersstufe repräsentiert eine bestimmte Lebensphase, der einfühlend und mit Respekt begegnet werden muß. Ziel des Designs ist in jeder dieser Phasen die Förderung der Handlungsfähigkeit. Wie, so lautet die Frage, kann man erreichen, daß ein Individuum eines bestimmten Alters sich seiner persönlichen Umgebung gewachsen fühlt? Die Antwort lautet, daß man die für eine bestimmte Entwicklungsphase notwendige Sicherheit und Größenordnung sowie den erforderlichen Raum gewährleisten sollte.

Kinder. Die frühe Kindheit ist eine Zeit der Unschuld und des Fragens, der Geborgenheit und des Erforschens. Ein Kinderzimmer sollte daher sowohl Sicherheit als auch Anregung bieten und außerdem schöne Erinnerungen gewährleisten. Es muß sauber und für die Pflege des Neugeborenen effizient organisiert sein. Das wichtigste Design für Kinder aber ist jenes, das sie in die Familie einbindet. Für Sandra Edwards, Gründerin von CHILDESIGN, bedeutet angemessenes Design, ein »Hilfssystem zu schaffen«, nicht nur eine in den Primärfarben kolorierte Spielfläche. Man nimmt meist an, Design für Kinder habe mit der Dekoration von Oberflächen, mit netten Bildchen und mit den Vorstellungen der Eltern von Kindheit zu tun. Das ist falsch. Ein einfaches, ja sogar neutrales Umfeld, von dem sich Details und kleine Objekte abheben, die so für Stimulation sorgen, ist von Geburt an die anregendste Umgebung. Babys haben leuchtende Farben gern. Sie reagieren auf kräftige Farbtöne, tastbare Stoffe und ausgeprägte Muster. Babys nehmen Farben vor Formen wahr. Das Erkennen von Mustern ist wahrscheinlich die erste intellektuelle Tätigkeit im Leben eines Menschen. Man sollte deshalb Gegenstände in leuchtenden Farben oder mit kräftigen Mustern – Kissen, Decken, Spielzeug und Mobiles – in Sichtweite des Kindes plazieren. Die Vorliebe für kräftige Farben hält eine ganze Weile an: Vorschulkinder werden knallrote Stühle bequemeren, aber blasser gefärbten Sitzgelegenheiten vorziehen. Man darf im Kinderzimmer aber auch die Eltern nicht vergessen: Einen Schaukelstuhl oder bequemen Sessel in der Nähe zu haben ist eine absolute Notwendigkeit.

Nach Ansicht von Sandra Edwards, der Gründerin von CHILDESIGN, einer gemeinnützigen Organisation mit dem Ziel, ein Kindern angemessenes Design zu schaffen, wirkt sich die Anpassung von Proportionen auf Kinder physisch wie psychologisch positiv aus. Das heißt nicht, daß man das Kinderzimmer mit Möbeln in Miniformat ausrüsten muß. Es hilft schon den Schrank mit den Spielsachen oder Kleidern der Kinder mit Griffen in entsprechender Höhe zu versehen. Oder man legt – als persönlichen Bereich als Kindes – einen kleinen Teppich ins Wohnzimmer, auf dem es neben den Erwachsenen spielen darf. PS: Der Teppich sollte waschmaschinenfest sein und so klein, daß man ihn problemlos verschieben kann.

für mein Zimmer
BASKET-BALL
REIFEN
STERNKARTE
Schuhkasten
Radiorecorder
TIGERFELL
ErH

Erste Jahre. Kinder haben von Design zweifellos eine andere Vorstellung als wir. Tony Terrice, der Gründer von Learning Environments, ist der Ansicht, daß es bei der Suche nach einem funktionalen Design für Kinder wichtig ist, mit den Kindern zu reden und ihre Wünsche und die Wünsche der Eltern aufzulisten. Kinder fühlen sich in einem nach ihren Vorstellungen gestalteten Raum nicht nur wohler, sie erfahren dadurch auch, daß sie ihre Umwelt beeinflussen können. Für Kinder beschränkt sich gutes Design nicht auf Ästhetik; oft hat es gar nichts damit zu tun. Für sie muß Design die Sinne beschäftigen und starke Gefühle hervorrufen. Stil ist in diesem Alter eine gefühlsmäßige Erfahrung, die sich in der Phantasie abspielt und von Räumen angeregt wird, die stimulierend sind, ohne bestimmte Vorstellungen zu diktieren. Ist Spielzeug die ganze Zeit zu sehen, kann das monoton sein; es ist für kleine Kinder viel aufregender, wenn sie manche Dinge eine Zeitlang nicht sehen und dann wiederentdecken.

DIE BETTDECKE ALS SEGELSCHIFF

Kinder wachsen schnell aus Zimmern heraus, die für ein bestimmtes Alter eingerichtet sind, doch finden sich immer originelle Möglichkeiten, einen Fensterplatz, einen großen Schrank oder eine schräge Decke neu zu verwenden. Ein Schrank mit horizontal geteilten Türen etwa kann zum Puppentheater umfunktioniert werden, ein erhöhter Boden bietet sich als Bühne für improvisierte Aufführungen an. Mit Licht läßt sich ebenfalls gut zaubern. Lampen mit weichem Licht für die Nacht, verschieden gestaltete Lampen, Licht, bei dem Kinder spielen und lesen können, und reichlich Tageslicht bieten ein ganzes Arsenal von Möglichkeiten. Reichlich Stauraum ist ein Muß: Schubladen und Regale, verschiedene Haken, Schränke und Kommoden.

Teenager. Wenn das Design im Zimmer eines Teens typischerweise das leibhaftige Chaos zu verkörpern scheint, ist das in Wirklichkeit Ausdruck des Versuchs, Selbstdisziplin zu lernen. Während kleinere Kinder ihre Einflußmöglichkeiten innerhalb der Familie erproben, müssen Teenager sich nach außen wenden und in der Gesellschaft zu einer Identität finden. Auf der Schwelle zwischen Elternhaus und Welt haben Teenager nicht nur Sehnsucht nach Unabhängigkeit, sondern auch das Bedürfnis nach Rückversicherung. Die häufigste Reaktion der Eltern ist ängstliche Überwachung, wo eigentlich ein vorsichtiger Ausgleich nötig wäre. Das Zimmer des Teens gleicht mehr einem Skizzenblock als einer weißen Leinwand. Experimente führen oft in Sackgassen, deshalb hat Flexibilität höchste Priorität. Den Heranwachsenden muß Einfluß auf ihre Umgebung zugestanden werden: Sie müssen die Einrichtung umstellen, Farben auswählen und Platz für diverse Sammlungen schaffen können. So können Teens sich um einen Raum auch wirklich kümmern. Sammlungen ermöglichen es ihnen, sich selbst auszudrücken, ob die Jugendlichen nun Pferdezügel oder Poster irgendwelcher Berühmtheiten sammeln. Dafür brauchen sie viel Platz an den Wänden. Die Devise der Jugend scheint stets dieselbe: »Laß mich in Ruhe.« Was für alle Altersstufen gilt, gilt aber auch hier: Das Bedürfnis nach einer privaten Sphäre muß anerkannt und respektiert werden und darf nicht etwa als Zurückweisung oder gar Bedrohung aufgefaßt werden. Heute mehr denn je kann die Gemeinschaft weiterhelfen, wo die Eltern versagen. In einer Zeit, da unsere Kinder mit verschiedenen Identitäten experimentieren, suchen sie Mentoren und brauchen sie Vorbilder.

»Es gibt zwei Arten blauhaariger Menschen. Ich habe beide gern.«

PENN JILLETTE, *Penn & Teller*

LUKE
PERRY
Jason Priestley
TEEN BEAT
diet Coke

WORTE DER WEISHEIT

Christopher Alexander

(geb. 1936) ist Mathematiker und Architekt, Bauunternehmer und Handwerker, doch am bekanntesten ist er als Philosoph und Lehrer. Seit den sechziger Jahren hat er sich immer wieder gegen die standardisierten Verfahren und die Stilbesessenheit der Zunft der Architekten ausgesprochen, zugunsten eines menschlicheren und der Umwelt angepaßteren Design. Die Häßlichkeit zeitgenössischer Bauwerke spiegelt laut Alexander unsere Entfremdung von einer natürlichen und harmonischen Bauweise. Er hat seine Karriere absolut darauf eingestellt, eine andere Art des Bauens zu entwickeln. Alexander gründete 1967 das Center for Environmental Structure an der Universität von Kalifornien in Berkeley, an der er auch lehrt. Ziel des Zentrums ist, die Rolle des Design bei der Förderung des Gemeinschaftsgefühls und des individuellen Wohlbefindens zu erforschen. In seinen Schriften, besonders in *A Pattern Language* und *The Timeless Way of Building,* spricht Alexander beredt von gutem Design als etwas, das die Menschen eher gefühlsmäßig als intellektuell erfassen. In *A Pattern Language* beschreibt er 253 Design »Muster«, die vom öffentlichem Transportwesen bis zum Kamin der Küche eines Bauernhauses reichen. Alexander, ein Bilderstürmer mit sanfter Stimme, wird von einigen als zu vergeistigt abgelehnt, von anderen aber, darunter auch Prinz Charles, als inspirierter Reformer gepriesen. In einigen kürzlich fertiggestellten Bauten ist seine Philosophie in die Praxis umgesetzt. Zu ihnen gehören der Campus einer Universität und ein Wohnkomplex in Japan sowie ein Obdachlosenheim im kalifornischen San Jose. Christopher Alexander ist zutiefst davon überzeugt, daß Architekten ihre Rolle als Bewahrer der Harmonie der gebauten Welt ernst nehmen müssen.

PRÄGENDE VORBILDER

Steine
Leoparden
Alkoven
englische Universitäten
Häuser mit Innenhof

italienische Bergdörfer
griechische Dörfer
orientalische Tempel

»Stil, der sich nicht auf reale menschliche

BIBLIOGRAPHIE

Gemeinschaft und Privatbereich im neuen Bauen (1963, deutsch 1971); Notes on a Synthesis of Form (1964); A Pattern Language (Christopher Alexander et al., 1977); The Timeless Way of Building (1979).

CHRISTOPHER ALEXANDER ÜBER

INNENDESIGN

»›Dekor‹ und ›Innendesign‹ haben sich so ausgebreitet, daß die Menschen das Gefühl für die Dinge, mit denen sie sich wirklich umgeben möchten, oft schon verloren haben.«

TÜREN

»Die Wirkung eines Zimmers hängt zum Großteil von der Lage der Türen ab. Wenn Türen ein Bewegungsmuster erzwingen, das die Aufteilung eines Zimmers zerstört, dann fühlt man sich in diesem Zimmer nie richtig wohl.«

ARCHITEKTUR

»Die Essenz der Architektur sind Steine.«

SCHÖNHEIT

»Was heißt ›schön‹? Schöne Dinge machen mich froh; sie bewirken, daß ich mich in der Welt mehr zu Hause und mehr als ›ganzer‹ Mensch fühle.«

fühle bezieht, ist vollkommen unwirklich.«

Ältere Menschen. Es wird immer deutlicher, daß sogenannte primitive Völker sehr viel besser wissen als wir, was man von älteren Menschen lernen kann. Die heute im Namen des Fortschritts vorherrschende Aufspaltung nach Altersgruppen hat uns wenig mehr gebracht als Entfremdung. Ältere Menschen haben besondere Bedürfnisse, aber beileibe keine so außergewöhnlichen, daß wir sie aus der Gemeinschaft entfernen und in isolierte Einrichtungen verbannen müßten. Ältere Menschen sollten Teil der Gemeinschaft sein, ohne Verantwortung dafür zu tragen. Im Alter wird aus Zurückgezogenheit allzu schnell Einsamkeit und aus Einsamkeit Deprivation. Älteren Menschen ist es vor allem wichtig, ihrer Umgebung weiterhin gewachsen zu sein. Sie fühlen sich beispielsweise in einem kleinen, mit vielen Dingen vollgestellten Raum wohler als in einem großen Zimmer, zumal wenn die Dinge einen Bezug zu ihrer Lebensgeschichte haben. Es klingt seltsam, aber selbst schwer erreichbare Gegenstände sollten dort bleiben, wo sie schon immer waren. Es fällt im Alter oft leichter, die damit verbundene körperliche Anstrengung auf sich zu nehmen, als sich daran zu erinnern, wo der Gegenstand jetzt steht. Sorgfältig plazierte Erinnerungsstücke können helfen, Orientierungslosigkeit oder sogar Gedächtnisverlust zu verhindern. Erinnerungen spielen eine zentrale Rolle dabei, den Lebensraum eines alten Menschen bewohnbar zu machen. Die Soziologin Sandra Howell stellte fest, daß sich ältere Menschen ihrer früheren Bedeutung in der Welt oft sehr klar bewußt sind und ihre Erinnerungen dazu benutzen, die Vergangenheit neu erstehen zu lassen. Das Zuhause fungiert als Quelle der Selbstachtung, und die Ausstattung der Wohnwelt ist eine Metapher der Geschichte des eigenen Lebens. Eine Witwe in den Siebzigern, die für ihr massives Chippendale-Eßzimmer längst keine Verwendung mehr hat, will es dennoch nicht weggeben, weil es für sie Teil ihres Lebens und ihres Selbst ist. Statt nur über den unvermeidlichen Tod nachzudenken, können ältere, in Familien eingebundene Menschen wertvolles Wissen an jüngere Familienmitglieder weitergeben und so zur Kontinuität des Lebens beitragen.

VISUELLE KONTROLLE

Visuelle Kontrolle bedeutet für ältere Menschen ein Design ohne hektische Muster und stark spiegelnde Oberflächen. Lebhafte und solide Farbkontraste erhöhen die Erkennbarkeit. Rot, Orange und Gelb wirken klarer als Blau, Violett oder Grün.

KOMFORT

Die Rücklehne eines Sessels, von dem aufzustehen schwerfällt, sollte mit festen Kissen versehen sein, und unter dem Polstersitz eines besonders tiefen Lehnsessels sollte ein zusätzliches Schaumstoffpolster liegen. Ist ein Sessel zu weich, bringt man unter dem Sitzkissen ein Brett an.

»Wir formen unsere Umwelt, und danach formt sie uns.«

WINSTON CHURCHILL

Geringer
ENERGIEVERBRAUCH
Geringer
BENZINVERBRAUCH
Kompostiert
Organisch
ISOLIERT
Er. H
Wiederverwertbar

DAS ÖKO-HAUS

»Wozu taugt ein Haus, wenn man keinen anständigen Planeten hat, auf dem man es bauen kann?«

HENRY DAVID THOREAU, *Walden*

»Aus amerikanischen Fenstern entweicht jedes Jahr so viel Energie, wie umgerechnet in Öl durch die Alaska-Pipeline fließt.«

The Green Lifestyle Handbook

Umweltschutz beginnt zu Hause. Recycling ist nur der Anfang. Daneben gilt es, eine Vielzahl anderer Aspekte zu bedenken, die direkten Einfluß auf unsere Wohnungen haben: Energiesparmaßnahmen, giftige Chemikalien oder Holz von Baumarten, die vom Aussterben bedroht sind. Und das sind nur einige wenige Punkte. Vieles, was sich mit »grünem Verhalten« zu Hause beschreiben läßt, basiert ganz einfach auf gesundem Menschenverstand. Ob man sich gegen die tägliche Werbeflut im Briefkasten wehrt oder eine Solaranlage auf dem Dach installiert: Es sind sowohl die kleinen wie die großen Dinge, die, wenn Tausende von Menschen sie in die Tat umsetzen, im wahrsten Sinne des Wortes einen Unterschied machen. Und wenn die Hürden manchmal unüberwindbar erscheinen und die Vielfalt der Möglichkeiten einen zu verwirren droht, hilft es, sich an vier Grundprinzipien zu erinneren: Vermeiden, Verringern, Verwerten, Recyceln. Die auf den folgenden Seiten angesprochenen Aspekte sind wichtig, wenn man sich über sein »grünes Haus« Gedanken macht.

The award winning
URTEKRAM
"UNICLEAN"
33.8 fl oz
TAYA WOOD GLAZE
LIVOS
Soda
ENDO-ENAMEL PAINT
4000
LIVOS

Haushaltsgifte.

Ein chemischer Krieg tobt unter dem Spülbecken, ein Krieg, der die Menschen krank macht. Heute, da moderne Bauweisen und Energiesparmaßnahmen bewirken, daß Häuser so luftdicht sind wie nie zuvor, ist es von größter Wichtigkeit, die zahllosen Haushaltschemikalien und vorbehandelten Materialien, die giftige Dämpfe von sich geben, aus dem Haus zu verbannen. Im Luftkreislauf des Hauses gefangen, tragen sie zum Syndrom des »kranken Hauses« bei. Der erste Schritt in Richtung einer wirksamen Kontrolle besteht darin, Etiketten lesen zu lernen. Man achte auf alles, was den Zusatz »gefährlich«, »giftig« oder »gesundheitsschädlich« trägt, und suche auf jeden Fall nach Ersatzstoffen.

EINFACH ERSETZEN

Zedernholzblöcke oder getrockneter Lavendel anstelle von Mottenkugeln, die giftiges Formaldehyd enthalten.

Ammoniak in einer Schale als Ofenreiniger (Ammoniak löst Kohlenstoffreste, vor allem, wenn man es über Nacht im Ofen läßt. Ofen hinterher mit heißem Seifenwasser auswaschen).

Farben auf Wasser-, Pflanzen- oder Mineralbasis anstelle von Farben auf Ölbasis.

Essig als Weichmacher für Wäsche. Wirkt auch gegen Schimmel und Fettflecken. Essig eignet sich auch als Luftreiniger, der Gerüche schluckt.

Nach Schätzungen der amerikanischen Umweltbehörde EPA wird im Jahre 2000 jeder Amerikaner 2,8 Kilogramm Müll pro Tag produzieren, mehr als doppelt so viel wie vor 30 Jahren.

LÖSUNGEN DES GESUNDEN MENSCHENVERSTANDES

Türen: Türen zu unbenutzten Räumen im Winter geschlossen halten und die Raumtemperatur auf ca. 13 Grad reduzieren. **Wasser:** Geschirr mit warmem Wasser spülen, dann kalt nachspülen (kaltes Wasser hinterläßt keine Flecken auf Gläsern). **Waschen:** Nur volle Maschinen laufenlassen; dasselbe gilt für Geschirrspüler. **Kleider:** Anstelle von Papiertüchern alte Kleider als Lumpen verwenden. **Plastik:** Margarine- und Joghurtbecher als Behälter für Nahrungsmittel verwenden. **Spraydosen:** Pumpdosen kaufen, keine Dosen mit Aerosolen als Treibmittel. **Tassen:** Wer unterwegs oder bei der Arbeit eine Tasse bei sich hat, kann auf Styropor- oder andere Wegwerfbecher verzichten. Styroporbecher können Styren, ein gesundheitsschädliches Vorprodukt von Styropor in die Flüssigkeit abgeben, vor allem bei heißen und leicht sauren Getränken wie Tee mit Zitrone. **Seife:** Seifenreste aufbewahren. In Wasser auflösen und als Geschirrspülmittel verwenden.

GIFTIGE PRODUKTE: Chemische Scheuermittel, Chlorbleiche, Desinfektionsmittel, Abfluß-, Toiletten-, Ofen- und Teppichreiniger mit halogenierten Kohlenwasserstoffen, Mottenkugeln, Farben auf Ölbasis, Beizmittel, Verdünner, Phosphate, Silberpolitur.

LUFTVERSCHMUTZER IM HAUS: Lufterfrischer, trockengereinigte Kleidungsstücke in Plastiksäcken, formaldehydhaltige Baustoffe, Gasöfen und Gasherde, Unkrautvernichtungsmittel, parfümierte Produkte, synthetische Fasern und Oberflächen.

In Schweden sind gebleichte (weiße) Kaffeefilter verboten. In den USA landen 80 Prozent des gesamten Abfallaufkommens auf Müllkippen, 10 Prozent werden wiederverwertet, 10 Prozent verbrannt. Ein größeres Radon-Leck entspricht in etwa dem Verbrauch von zwei Schachteln Zigaretten täglich.

NATÜRLICHE REINIGUNGSMITTEL: Ammoniak, Borax, Natriumbikarbonat, Kamille, Zitrone, Bimsstein, Leinöl, Salz, Essig.

Eine halbe Zitrone in Borax getaucht ergibt ein wirksames Scheuermittel.

Energie. Energie ist ein Luxusgut, das zu verschwenden wir uns nicht länger leisten können. Nach neuesten Berichten hat ein durchschnittlicher Amerikaner 1990 soviel Energie verbraucht wie drei Japaner, sechs Mexikaner, 13 Chinesen, 35 Inder oder 499 Äthiopier. Schon ein paar kleine Energiesparmaßnahmen und Recycling im Wohnbereich können spürbare Umweltverbesserungen bei gleichzeitigen finanziellen Einsparungen bewirken. So hat die Einführung energiesparender Technologien in Amerika seit 1973 die Energiekosten der USA um jährlich 150 Milliarden Dollar verringert.

Recycling. Vermeiden, verringern, verwenden, recyceln, das sind die Grundprinzipien der Wiederverwertung im Haushalt: unnötige Umverpackungen vermeiden, Verwendung von Plastikprodukten minimieren, Becher und Dosen möglichst weiterverwenden, Papier, Glas, Plastik und Aluminium recyceln. Auch wenn der Gedanke daran, wie unser Planet zu retten sei, unsere Vorstellungskraft gelegentlich zu überfordern droht: Recycling kann jeder verstehen und selbst umsetzen. Das haben auch die heutzutage einflußreichsten sozialen »Triebkräfte« verstanden, die kommerziellen Marketingstrategen (man mag von ihnen halten, was man will).

WASSER. Wasserfilter installieren und wassersparende Toilettenkästen anbringen; für Wasserhähne gibt es luftbeimischende Aufsätze. Duschen statt baden.

LICHT. Eine fluoreszierende 18-Watt-Energiesparlampe verbraucht 75 Prozent weniger Energie und hält zehnmal länger als eine herkömmliche Glühbirne.

TROCKNER. Elektrische Trockner fressen bis zu 1000 Kilowatt Strom pro Jahr.

ISOLATION. Das hauptsächliche Dilemma, dem man sich gegenübersieht, wenn man ein Haus energieeffizient und zugleich gesundheitsbewußt bauen möchte, ist, daß ersteres eine möglichst luftdichte Isolation verlangt, um die Wirkung von Heizung und Klimaanlage zu maximieren. Ein gesundes Haus jedoch muß atmen können und ist dazu auf eine ausgiebige Frischluftzirkulation angewiesen. Die Lösung besteht darin, den Luftstrom zu kontrollieren. Das geschieht, indem man alle unerwünschten Luftlecks abdichtet und dann mit überlegt angebrachten Fenstern, Lüftungsschlitzen und Türen die Luftzirkulation optimiert.

NEUE TECHNOLOGIEN. Zu den gegenwärtig für den Markt entwickelten neuen Technologien gehören photovoltaische Solarzellen und Klimaanlagen, die wie Entfeuchter arbeiten. Photovoltaische Zellen setzen Sonnenlicht direkt in elektrische Energie um. In Dachziegel integriert, stellen sie eine dauerhafte und verläßliche Energiequelle ohne Kosten für die Umwelt dar. Die Klimaanlagen, die mit Wasser arbeiten statt mit Chemikalien, welche die Ozonschicht zerstören, nutzen eine Technologie, die der Methode, mit der sich der schwitzende menschliche Körper kühlt, erstaunlich ähnlich ist.

VERPACKUNGSMÜLL. Macht gewichtsmäßig 50 Prozent des Abfalls auf den Müllhalden der USA aus.

PAPIER STATT PLASTIK. Ein mit Laub gefüllter Plastiksack, wie er in der Industrie verwendet wird, ist auf der Müllhalde erst nach 200 Jahren zersetzt. Naß- und reißfeste Papiertüten halten zwei Wochen im Regen aus und können vollständig recycelt werden.

ALTE METHODEN, NEU ENTDECKT

Beim Recycling heißt das: zurück zu den Methoden von anno dazumal, zu Stofftaschen für den Einkauf, wiederaufladbaren Batterien, Stoffwindeln und Heimkompostierung.

ENERGIESPARER

Leuchtstoffbirnen halten länger und verbrauchen viel weniger Strom als herkömmliche Glühbirnen.

Papier durch Stoff ersetzen: Servietten, Geschirrtücher und Handtücher aus Stoff finden als Lumpen neue Verwendung.

Altmodische Ventilatoren haben mehr Stil und kühlen Räume energiesparender als Klimaanlagen.

Wäsche draußen auf die Leine zu hängen, statt sie in den Trockner zu werfen, spart viel Energie.

Möbel. Auf den ersten Blick ist nicht offensichtlich, was Möbel mit Umweltschutz zu tun haben. Aber man denke nur an Holz von Baumarten, die vom Aussterben bedroht sind. Schon heute haben viele Möbelhersteller die Verwendung von Mahagoni, Teak und anderen Tropenhölzern eingeschränkt, aus denen zwar viele gute Möbel bestehen, die aber nur sehr langsam nachwachsen. Doch es geht um viel mehr: Die amerikanische Möbelindustrie zeichnet verantwortlich für ein Prozent aller von der Industrie an die Umwelt abgegebenen flüchtigen organischen Verbindungen, die die Ozonschicht zerstören. Für viele Oberflächen und im Möbelbau angewandte Verfahren werden Formaldehyd und andere Chemikalien benutzt, die in unseren Häusern giftige Dämpfe verströmen.

Bauen. Aus der Vergangenheit stammen die besten Ideen für Häuser, die auf natürliche Weise und nicht gegen die Natur gebaut sind. Regionale Architektur entsteht, wenn eine bestimmte Gegend wirtschaftlich sinnvoll und mit möglichst einfachen Mitteln erschlossen wird. Alte Häuser erscheinen uns vielleicht wunderlich, stecken aber häufig voll einfallsreicher Ideen, die die Materialien und das Klima vor Ort so gut wie möglich berücksichtigen. Vom »Widow's Walk«, einer Plattform auf dem Dach der Häuser Neuenglands, die das dunkle Innere der Häuser mit Frischluft und Licht versorgte, über die großzügige Veranda, die den aus Adobeziegeln errichteten Farmhäusern in Texas Schatten spendet, bis zu den Stadthäusern von Charleston, die mit ihrer verwinkelten Bauweise jede Brise einfingen, gilt: Die regionale Architektur weist nicht nur praktische, sondern auch schöne Gestaltungsmöglichkeiten auf.

URWALD ODER WIRTSCHAFTSWALD. »Old growth« nennt man die Bäume der ältesten Wälder Nordamerikas, darunter Douglasfichten, Redwoods und Zedern. Nur noch fünf Prozent dieses Walds sind erhalten. Das Holz der Bäume ist als Bauholz hervorragend geeignet – Redwood ist fäulnisbeständig, Zedernholz wasserabweisend und das Holz der Douglasfichte extrem belastungsfähig –, aber Umweltschützer fordern, auf Holz aus Wirtschaftswäldern zurückzugreifen oder wertvolles Bauholz wiederzuverwenden.

VOM AUSSTERBEN BEDROHTE ARTEN: Mahagoni, Teak, Rosenholz, Liane, Ebenholz, Zeder, Redwood

ALTERNATIVE NUTZHÖLZER: Apfel, Pfirsich, Birke, Walnuß, Ulme, Pappel, Eiche, Tanne, Fichte

MÖBEL-CHECKLISTE

Fragen, die man sich stellen sollte, wenn man Möbel kauft:

Womit wurde geschäumt? Schaumstoffe, die mit Polyurethanen hergestellt wurden, sind giftig. Fragen Sie nach FCKW-freien Schaumstoffen. Um das Aufschäumen zu vermeiden, greifen einige Firmen inzwischen auf ältere Methoden wie baumwollumwickelte Federn oder Roßhaarfüllungen zurück.

Enthalten die Möbel gesundheitsschädliche Klebstoffe und Leime? Kaufen Sie Möbel, die mit Polyvinylacetat auf Wasserbasis geleimt wurden, statt mit Klebstoffen auf Formaldehydbasis.

Oberflächenbehandlung mit giftigen Lösungsmitteln?

Alte Möbel wurden ohne moderne Verfahren und Chemikalien gefertigt. Aus massivem Holz bestehend, oft sogar noch handgearbeitet, sind sie fast immer giftfrei.

In den meisten aus Sperrholz, Spanplatten oder geleimten Hölzern gefertigten Regalen und Schränken ist Formaldehyd enthalten. Wer Sperrholz verwendet, sollte entweder weniger bearbeitete Hölzer für Außenteile verlangen oder das Holz mit Polyurethan oder wasserfester Beschichtung versiegeln. Preßholz, wie es üblicherweise für Arbeitsplatten verwendet wird, sollte man ganz vermeiden. Es enthält Holzkonservierungsstoffe, die im Verdacht stehen, Krebs zu erregen.

»Ein 1 Meter hoher Stapel wiederverwertbarer Zeitungen rettet das Leben eines Baumes.« (aus *Ecologue*)

Man kann die Südfront eines Hauses mit Markisen, einem Verandadach, einer Pergola oder Kletterpflanzen beschatten und so die ins Haus strömende Luft abkühlen.

Wenn man Fenster an gegenüberliegenden Wänden, aber nicht genau einander gegenüber anbringt, bewirkt man, daß die Luft stärker zirkuliert. Nach den Gesetzen der Physik steigt warme Luft nach oben. Von daher ist es ratsam, ein tiefergelegenes Fenster mit einem höhergelegenen Fenster oder Lüftungsschlitzen in der Decke zu kombinieren. So wird kühle Frischluft angesaugt, während die warme Luft oben entweichen kann.

WEGE, DIE LUFTZIRKULATION ZU ERHÖHEN

Innenfenster,
Oberlicht über
den Türen,
Kuppeldach-
oder Decken-
lüftungsschlitze,
Glastüren,
hohe Decken
mit Ventilatoren,
Ventilatoren über
Treppenaufgängen

»Der Neue Stuhl« von Domestic Furniture ist nicht mit Schaum, sondern mit wattierter Baumwolle gefüllt. Der Polsterbezug besteht zu 100 Prozent aus Wolle, die Füße sind aus Ahorn oder Kirsche gearbeitet, zwei Harthölzer, die es in den USA im Überfluß gibt.

Lange Zeit wurde für die Isolation Asbest verwendet, ein, wie man heute weiß, erwiesenermaßen gesundheitsschädliches Material. Neuerdings wird mit recyceltem Computerpapier und vulkanischem Bimsstein als Alternative experimentiert.

Sonnenzimmer fangen dann am meisten Wärme ein, wenn ihre Ausrichtung um etwa 30 Grad von der Südachse abweicht.

»Ich halte Klimaanlagen für sehr gefährlich. Die extremen Temperaturwechsel, die ein Gebäude zum Einsturz bringen, schaden auch dem menschlichen Körper.«

FRANK LLOYD WRIGHT

ANHANG

ANHANG

RAUM

28 **TISCH, SCHIRM UND TATAMI-MATTE**
Miya Shoji Interiors, Inc.

31 **KEHRICHTSCHAUFEL**
Hanncock Shaker
Village Gift Shop, Mass.;
STUHL
Ältestenstuhl,
Shaker Workshop Catalogue.

DESIGN

45 **STUHL**
Fischstuhl von Arne Jacobsen,
U.S.E.D.;
VASE
Berndt Frieberg;
Vase Fifty/50.

51 **MESSERKASTEN**
viktorianisch, mit Samt
ausgeschlagen, U.S.E.D.;
SCHALE
dänisch, fünfziger Jahre,
Fifty/50;
STOFF
B & J Fabrics;
BUCH
mit frdl. Gen. von
Stubbs Books, New York.

DAS ZIMMER

56 **FLIESEN**
(von links) Moravian Tile
Works; Manhattan Marble;
The Bowery Restaurant
Used Supply; Aronson's Tile
and Carpet.

58 **TEPPICHE**
(von links) amerikanischer
Navajo-Teppich der
zwanziger Jahre,
Kelter Malacé; Wollteppich
ABC Carpet & Home;
afghanischer Sisalteppich
des 20. Jahrhunderts,
Flohmarkt;
kaukasischer Teppich
des 19. Jahrhunderts,
Mark Shilen Gallery.

60 (im Uhrzeigersinn von oben
links) Renovator's Supply;
Janovics-Plaza
Paint & Wall Paper;
Janovics-Plaza
Paint & Wall Paper;
Ralph Lauren Home.

61 **RAUMTEILER**
Bücherregalwand Fornassetti,
Bloomfields; Raumteiler
von Eames, Palazetti.

64 (von links) Irreplaceable
Artifacts; Urban Outfitters;
All State Glass Shades;
B & J Fabrics.

68 Irreplaceable Artifacts.

MÖBEL

76 **STUHL**
CM Dining Chair
von Charles und Ray Eames,
Herman Miller.

77 **STUHL UND BEZUG**
Le Petit Trianon.

79 **STUHL**
USA, spätes 19. und frühes 20. Jahrhundert, Flohmarkt.

81 **STÜHLE**
(im Uhrzeigersinn von oben links) Windsor-Stuhl, Farmington, Connecticut Outdoor Sale; Schichtholzstuhl von Charles Eames, Fifty/50; Stickley-Morris-Stuhl, Fortright; Stuhl von Le Corbusier, Palazzetti;
neoklassischer italienischer Stuhl des 19. Jahrhunderts, Didier Aaron.

85 **TISCH**
Noguchi, Palazzetti.

86 **TISCH**
Kiefernholztisch, Nordeuropa, 19. Jahrhundert, Evergreen.

87 **KERZENTISCH**
Shaker Workshop.

90-91 **SOFA**
Shabby Chic.

92 **BETTWÄSCHE**
zwanziger Jahre, Flohmarkt, Paris.

95 **REGALE**
Orleans Carpenters.

96 **WÄSCHE**
antique linen,
ABC Carpet & Home;
SCHRANK
Bertha Black.

98 **TIZIO-LAMPE**
Creative Lighting, New York.

99 **WANDLEUCHTE**
Colonial Revival, Spider Web;
STEHLAMPE
Fifty/50.

100 (von links nach rechts)
LAMPE
getriebenes Kupfer, American Arts & Crafts, As Time Goes By;
NOGUCHI-LAMPE
Fifty/50;
WANDLEUCHTEN
Flohmarkt;
STURMLATERNE
Conran's;
HALOGENLEUCHTE
achtziger Jahre, Lighting Plus;
BRONZELEUCHTE
amerikanisch, 1910, Flohmarkt.

101 (von links nach rechts)
HALOGENLEUCHTE
D. F. Sanders;
NOGUCHI-LAMPE
Palazzetti;
OP-LEUCHTE
Trödelladen;
ITALIENISCHE LEUCHTE
fünfziger Jahre, Delorenzo;
DECKENFLUTER
amerikanisch, dreißiger Jahre, Aluminium, Fifty/50.

WOHNEN

109 **HANDTUCH**
Portico Bed & Bath.

112/13 (von links nach rechts)
STUHL
feuerfestes Aluminium, Flohmarkt;
MACINTOSH POWER BOOK
Computerhandel;
TISCH
George-Nelson-Tisch, Alan Moss.
GESCHIRR
19. Jahrhundert, Hartsteingut, Vito Giallo;
SILBERTABLETT
von William Rodgers, The Country Cupboard at the Tomato Factory;
BILDERRAHMEN
On the Bevel;
STUHL
von Thonet, 280 Modern.

DETAILS

116/17 **BESCHLÄGE**
Irreplaceable Artifacts, Urban Archeology, Flohmarkt, Simons Hardware, Kraft Hardware Inc., U.S.E.D., Baldwin Brass Center.

120 (von links nach rechts)
Flohmarkt,
Renovator's Supply Catalogue;
U.S.E.D.;
Architectural Sculpture Ltd.;
Shaker Workshop Catalogue.

122 **KISSEN**
Le Petit Trianon;
SESSEL UND BEZUG
Upholstery Unlimited.

125 Alles von Flohmärkten und aus Antiquitätenhandlungen.

KOMBINATION

128 (im Uhrzeigersinn von links oben)
STUHL
Dakota Jackson;
TEPPICH
»Tra La La« von Christine Vanderhurd;
KLEINE LAMPE
zwanziger Jahre, getriebenes Kupfer, American Arts & Crafts, As Times Goes By;
TISCH
Stahl, Ad Hoc Software;
BETT
1939, französisch, Vito Giallo;
PARAVENT
dreiteiliger Paneelschirm, Paula Rubenstein;
TEPPICH
20. Jahrhundert, Dhurrie, Mark Shilen;
STUHL
von Harvey Ellis, L. & J. G. Stickley;
WANDSCHIRM
(Rollgestell aus Stahl und Leinwand), Gestell von der American Hangar Corp., Leinwand selbst zugeschnitten, erhältlich im Kunstzubehörhandel;
TISCH
dreifüßiges Garten-Kaffeetischchen, Flohmarkt, Paris;
LAMPE
Noguchi, Fifty/50;
TISCH
vierziger Jahre, U.S.E.D.

129 (im Uhrzeigersinn von links oben)
TEPPICH
zwanziger Jahre, Navajo, Mark Shilen;
LAMPE
amerikanisch, Schmiedeeisen mit Leinwandschirm, The Tepper Gallery;
KAFFEETISCH
afrikanisches Waschbrett, Craft Caravan;
STUHL
Past & Present Shop, Bloomingdale's;
SPIEGEL
viktorianischer kupferbelegter Spiegel, Urban Archeology;
TEPPICH
von Edward Fields, Fifty/50;
HOCKER
Windsor, 19. Jahrhundert, Farmington, Connecticut Outdoor Show;
WANDSCHIRM
Frankreich, 1900, Cobweb;
SPIEGEL
19. Jahrhundert, amerikanisches Empire, Triple Pier Show, New York;
STUHL
um 1890, englisches Herrenhaus, Tepper Gallery;
TEPPICH
dreißiger Jahre, Tibet, Mark Shilen;
SCHREIBTISCH
Ameliot, um 1940, von Greta Magnussen Grossman, Fifty/50;
LAMPE
Tizio, Beleuchtungshandel.

133 **BETT**
französisch, um 1930, Vito Giallo;
TEPPICH
20. Jahrhundert, Dhurrie, Mark Shilen;
TISCH
dreibeiniger Gartentisch, Flohmarkt, Paris;
LAMPE
Tizio, Beleuchtungshandel;
KISSEN
Mike's Pillows;
KISSENBEZÜGE
genäht von Lisa Hammerquist.

134 **WANDSCHIRM**
(Rollgestell aus Stahl und Leinwand), Gestell von der American Hangar Corp., Leinwand selbst zugeschnitten, erhältlich im Kunstzubehörhandel;
SPIEGEL
19. Jahrhundert, amerikanisches Empire, Triple Pier Antique;
STUHL
um 1890, englisches Herrenhaus, Tepper Gallery;
TISCH
vierziger Jahre, U.S.E.D.;
VASE
zwanziger Jahre, Steuben, Vito Giallo;
TEPPICH
zwanziger Jahre, Navajo, Mark Shilen.

137 **LAMPE**
Noguchi, 50/Fifty;
BILDERRAHMEN
On The Bevel;
STUHL
(an der Wand) Past & Present Shop, Bloomingdale's;
SCHREIBTISCH
Ameliot, um 1940, von Greta Magnussen Grossman, Fifty/50;
STUHL
von Harvey Ellis, L. & J. G. Stickley;
TEPPICH
von Edward Fields, Fifty/50.

139 **STUHL**
Dakota Jackson;
TEPPICH
um 1930, Tibet, Mark Shilen;
KAFFEETISCH
afrikanisches Waschbrett, Craft Caravan;
LAMPE
Tepper Gallery;
STUHLKISSEN
Christine Vanderhurd;
TASSE UND UNTERTASSE
Drab Ware-Muster von Wedgewood.

140 **HOCKER**
Windsor, 19. Jahrhundert, Farmington, Connecticut Outdoor Show;
TISCH
Stahl, Ad Hoc Software;
STUHL
Chippendale, Bezug mit Bändern befestigt, Nachbau, vierziger Jahre, Lubin Auction;
ÜBERZUG
B & J Fabrics, genäht von Lisa Hammerquist;
SPIEGEL
Urban Archeology oder U.S.E.D.;
LAMPE
zwanziger Jahre, getriebenes Kupfer,
As Times Goes By.

GENERATIONEN

157 **MOBILE**
Metropolitan Museum of Art, New York, Geschenkladen für Kinder.

159 **TEDDYBÄR**
von Gund, F. A. O. Schwartz;
PANDABÄR
Mabels.

DAS ÖKO-HAUS

173 **STOFFE**
Terra Verde.

173 **VENTILATOR**
Zona.

ZITATE

2 **HENRY DAVID THOREAU**
Walden (New American Library, 1960).

26 **FRAN LEBOWITZ**
House & Garden, Jan.1990
Witold Rybczynski
The Most Beautiful House in the World (Viking, 1989).

29 **TADAO ANDO**
Japanese Style (Crown, 1987).

30 **SHAKER RULE OF THUMB**
by Shaker Hands (University Press of New England, 1975).

32 **LE CORBUSIER**
Ausblick auf eine Architektur (Vieweg, 1922).

38 **LE CORBUSIER**
Gedenkrede vom 27. August 1965.

41 **TERENCE CONRAN**
The New House Book (Villard Books, 1985).

44 **FRANK LLOYD WRIGHT**
An Autobiography (Horizon, 1943).

47 **LEWIS MUMFORD**
Vom Blockhaus zum Wolkenkratzer (Berlin, 1925).

48 **ETTORE SOTTSASS**
House & Garden, Febr. 1988.

50 **ANDRÉE PUTMAN**
House & Garden, Mai 1988.

53 **CANDICE BERGEN**
Mc Call's, Okt. 1991.

65 **ETTORE SOTTSASS**
Art in America, Febr. 1988.

75 **TERENCE CONRAN**
The New House Book (Villard Books, 1985).

76 **ETTORE SOTTSASS**
Metropolis, Okt. 1992.

79 **LUDWIG MIES VAN DER ROHE**
Time, 18. Febr. 1957.

85 **MARK HAMPTON**
House Beautiful, Aug. 1992.

86 **CANDICE BERGEN**
McCall's, Okt. 1991.

104 **GEORGE HERBERT**
A New Dictionary of Quotations, selected and edited by H. L. Mencken (Knopf, 1991);
TONI MORRISON
Jazz (Knopf, 1992)

107 **TERENCE CONRAN**
The Bed and Bath Book (Crown, 1978).

108 **EVELYN WAUGH**
Brideshead Revisited (Little, Brown, 1982)

113 **GEOFFREY BEENE**
interview.

130 **ANDRÉE PUTMAN**
House & Garden, Okt. 1985.

144 **RAY BRADBURY**
»The veldt«, 1950.

160 **PENN JILLETTE**
The New Yorker, 15. Mai 1989.

165 **WINSTON CHURCHILL**
My Early Life: A Roving Commission (Macmillan, 1987).

168 **HENRY DAVID THOREAU**
Walden (New American Library, 1960); *Green Lifestyle Guide* von Jeremy Rykin (Owl Books /H. Holt & Co., 1990).

175 **FRANK LLOYD WRIGHT**
Natural House (Horizon, 1982).

191 **SHAKER SONG**
by Shaker Hands (University Press of New England, 1975)

WEISE WORTE

ANDRÉE PUTMAN
Interview, Oktober 1992.

FRANK LLOYD WRIGHT
Collected Writings,
Hrsg. Bruce Pfeiffer, Bde. 1/2
(Rizzoli, 1992).

ELSIE DE WOLFE
A Life in the High
Style by Jane S. Smith
(Atheneum, 1982);
The House in Good Taste
(The Century Company, 1914).

FRANK GEHRY
L' Architecture d'Aujourd'hui,
Februar 1989; A+U, Januar 1986;
Contemporary Architects
(St. Martin's Press, 1980);
Frank Gehry,
Hrsg. Peter Arnell, Ted Bickford
(Rizzoli, 1985).

CHRISTOPHER ALEXANDER
A Pattern Language
(Oxford University Press, 1977);
Progressive Architecture,
Juni 1986, Juli 1991.

Alle Zitate wurden von den jeweils Zitierten überprüft, erweitert oder abgeändert.

FOTOS

CONTEXT
(im Uhrzeigersinn von links nach rechts) mit freundlicher Genehmigung von The Knoll Group; UPI/Bettmann; UPI Bettmann Newsphotos; mit freundlicher Genehmigung von The Max Protech Gallery, New York; Dudley Gray; mit freundlicher Genehmigung von Milton Glaser; Julius Shulman, Honorary AIA.

DESIGNER-DOPPELSEITEN

FRANK LLOYD WRIGHT
mit freundlicher Genehmigung des Metropolitan Museum of Art, Erwerbung aus Mitteln des Erbes Emily Crane Chadbourne, 1972 (1972.60.1). Installation ermöglicht von Saul P. Steinberg und Reliance Group Holdings Inc.

ELSIE DE WOLFE
Fotografie Monica Stevenson, mit freundlicher Genehmigung von Barry Friedman, Gallery of New York Ltd.

ANDREE PUTMAN
mit freundlicher Genehmigung von Palazzetti Inc.

FRANK GEHRY
mit freundlicher Genehmigung der Knoll Group.

CHRISTOPHER ALEXANDER
mit freundlicher Genehmigung von Mark Darley/Esto.

DANKSAGUNGEN

Herve Aaron von Didier Aaron,
Tony Chirico,
Stephen Earle,
Jane Friedman,
Lee Friedman,
Brian Fingeret,
David Gross of GF55 Architects,
Martin J. Gross,
Joanne Harrison,
Katherine Hourigan,
Andy Hughes,
Kent Hunter,
Carole Janeway,
Michael Leva,
David Mann,
Anne McCormick,
Sonny Mehta,
Gene Meyer,
Jeffrey Miller,
Ted Muehling,
Peggy Peters,
Eric A. Pike,
Linda Rodin,
Meg Stebbins,
Anne Lise Spitzer,
Shelley Wanger,
Charles W. Weiss,
Wayne Wolf.

»Es ist ein Geschenk, einfach zu sein,
es ist ein Geschenk, frei zu sein,
es ist ein Geschenk, dort anzukommen,
wo man hingehört…«

SHAKER SONG

110 V
60 Hz
Cinni